Corona – Chronologie einer Entgleisung

von Michael Fleischhacker, Christoph Lehermayr, Moritz Moser,
Sebastian Reinhart, Jan Thies, Andreas Wetz

Michael Fleischhacker (Hg.)

# CORONA

## Chronologie einer Entgleisung

**Edition** QVV

ISBN 978-3-903925-01-4


Edition QVV ist ein Verlag der Quo Vadis Veritas Redaktions GmbH


Herausgeber: Michael Fleischhacker
Mit Beiträgen von
Christoph Lehermayr, Sebastian Reinhart (Kapitel 1)
Michael Fleischhacker (Kapitel 2)
Andreas Wetz (Kapitel 3 und 4)
Moritz Moser (Kapitel 5)
Jan Thies (Kapitel Schule)

Daten: Gerald Gartner
Bildredaktion: Hubertus Schwarz
Umschlaggestaltung: Hubertus Schwarz, Sophie Gudenus
unter Verwendung eines Fotos von EXPA/APA
Grafiken und Satz: Sophie Gudenus
Druck und Bindung: Buch Theiss GmbH, St. Stefan im Lavanttal

PRINTED IN AUSTRIA

**Besuchen Sie uns im Internet: www.qvv.at und www.addendum.org**

# Inhalt

# Einleitung

Ein halbes Jahr, nachdem das neuartige Coronavirus SARS-CoV-2 in der chinesischen Stadt Wuhan in der Provinz Hubei zum ersten Mal aufgetaucht ist, steht die Welt vor den Trümmern der Pandemie-Bekämpfung. Die globale Wirtschaft befindet sich in ihrer schwersten Krise seit den 30er Jahren des 20. Jahrhunderts. Und weltweit fragen sich viele Menschen: War das wirklich nötig? Waren die weltweiten Maßnahmen, die uns in ihren ökonomischen, aber auch gesundheitlichen und sozialen Auswirkungen noch Jahre, wenn nicht Jahrzehnte, begleiten werden, tatsächlich angemessen?

Eine genaue Antwort wird man möglicherweise erst geben können, wenn sich der Rauch über dem Corona-Schlachtfeld endgültig verzogen hat. Dass aber bereits die Frage in der öffentlichen Debatte als Ungeheuerlichkeit gehandelt und als Hinweis auf irgendeine Art von „Leugnung" denunziert wird, sollte das denkende Gemüt so nicht hinnehmen.

Ein wesentlicher Antrieb der Recherchen für dieses Buch war das Unbehagen darüber, dass die Reaktionen auf die Pandemie sowohl wissenschaftlich als auch medial von Beginn an auf eine fast aufreizende Weise unhinterfragt blieben. Kaum jemand fragte, wie es eigentlich hinter den Kulissen zu den Entscheidungen kam, die in einem nachgerade liturgischen Habitus öffentlich verkündet wurden. Welche Informationen standen zur Verfügung? Welche

Experten wurden gehört? Gab es Alternativen? Wer schlug sie vor? Wie verlief die Debatte? Wie kam man zur Entscheidung? Wie ging man mit abweichenden Meinungen um?

All das haben die sehr großen und durchaus qualifizierten PR-Teams der Regierung über lange Zeit konsequent hinter verschlossenen Türen gehalten. Stattdessen fütterten sie die mehr denn je von öffentlichen Aufträgen abhängigen Medien mit Bildern und Informationen, die das Narrativ einer Regierung stützten, deren Mitglieder sich aufopferten, um möglichst viele Menschenleben zu retten und zu verhindern, dass die Leichen mit Militärtransportern abgeholt werden müssen.

Wir wollten es trotzdem wissen, weil wir denken, dass in liberalen Demokratien die Öffentlichkeit einen Anspruch darauf hat, dass Entscheidungen, die massiv in die grundrechtlich garantierten Freiheiten der Bürger eingreifen und gravierende soziale und ökonomische Auswirkungen auf jeden Einzelnen haben, transparent nachvollziehbar sind. Der Ausnahmezustand stattet die Exekutive mit weitreichenden Möglichkeiten aus, direkt in das Leben der Menschen einzugreifen. Umso mehr sind das Parlament als Legislative, die höchsten Gerichte als Hüter der Rechtsstaatlichkeit und die Medien als Akteure der primären Geschichtsschreibung aufgerufen, die Inhaber der Sondervollmachten jenseits aller Inszenierung kritisch zu begleiten und zu hinterfragen.

Weil das unserer Ansicht nach nicht in ausreichendem Maß passiert, haben wir einen intensiven Rechercheprozess gestartet. Es ging in dieser Recherche darum, nachvollziehbar zu machen, wer in dieser Krise wann was auf welcher Grundlage entschieden hat. Wir beschränken uns dabei im Wesentlichen auf Österreich, erzählen die Geschichte aber in knappen Zügen von den Anfängen in China an, weil dadurch deutlicher wird, welche Information wann und wo verfügbar war.

Die Ergebnisse unserer Recherchen – zahlreiche Gespräche mit direkt in das Geschehen involvierten Personen und die Auswertung von Dokumenten, die der Öffentlichkeit bisher nur in Teilen oder gar nicht bekannt waren –, zeichnen grob das folgende Bild: Wie viele andere Staaten hat Österreich das pandemische Geschehen sehr lange wenig ernst genommen, was sich besonders deutlich an den Vorgängen im Tiroler Skiort Ischgl ablesen lässt. Ende Februar liefen die Entwicklungen auseinander: In Wien begann man, sich auf Maßnahmen vorzubereiten, in Tirol stand die Rettung der Wintersaison im Vordergrund. Dann gab es Mitte März eine 180-Grad-Wende von „nichts tun" auf „radikal handeln", die vor allem durch das Agieren von Bundeskanzler Sebastian Kurz zustande kam. Mit Ende März wurden die Maßnahmen noch einmal verschärft, mit Mai beschritt man, mit massiven administrativen Schwierigkeiten, den Weg der Lockerungen.

Wir haben für die Darstellung unserer Recherchen die Form der Chronologie gewählt, und es ist im Kern die Chronologie einer dreifachen Entgleisung: Zunächst entgleist das Containment des Virus in Asien trotz brutalster Maßnahmen seitens des chinesischen Regimes, aus dem regionalen Ausbruch wird eine Pandemie. Dasselbe passiert noch einmal in mehreren europäischen Regionen, darunter die Lombardei, das Elsass, die spanische Hauptstadt Madrid und das österreichische Ischgl. Auf diese Phase folgt mit dem Total-Lockdown eine Art Panikreaktion, die aber mit Ende März immerhin ihr Ziel erreicht: die Überforderung des Gesundheitssystems zu verhindern.

Ende März dann die entscheidende Entgleisung aus österreichischer Sicht: Nach Einschätzung so gut wie aller Experten im Beraterstab des Gesundheitsministeriums war klar, dass das Ziel, die Überlastung des Gesundheitssystems zu verhindern, nachhaltig erreicht war. Dennoch verschärfte der Bundeskanzler auf der Grundlage einer schon bei ihrer Präsentation als sehr fragwürdig identifizierten Einschätzung von mehreren Mathematikern die Gangart noch einmal massiv, vor allem im Bereich der Kommunikation. Statt der von einer breiten Mehrheit der Experten empfohlenen schrittweisen Deeskalation setzte Kurz massiv auf Eskalation, sprach davon, dass bald jeder einen Corona-Toten kennen würde, und setzte die Verlängerung der Maßnahmen bis Ende April samt Maskenpflicht durch.

Es ist den PR-Experten des Bundeskanzlers lange gelungen, die Tatsache, dass der Bundeskanzler gegen den Rat fast aller Berater, auch jener, die im Grunde auf seiner harten Linie waren, gehandelt hatte. Aber das Ergebnis unserer Recherchegespräche und der Dokumente, zu denen wir Zugang bekamen, ist eindeutig: Es war ein Alleingang des Kanzlers, der viele bestürzte, und zwar aus Gründen. Die Angst-Kampagne dieser frühen Apriltage wird das Land und seine Bürger noch länger beschäftigen.

Es wurde und wird den Kritikern der Maßnahmen immer wieder vorgeworfen, dass ihnen ihre eigenen ökonomischen Interessen wichtiger seien als das Leben unserer älteren Mitbürger, die bei einer Infektion mit COVID-19 besonders gefährdet seien. Darum geht es aber gar nicht. Hätte Kurz sich an den Mehrheitsrat gehalten und wäre früher in Richtung Deeskalation gegangen, hätte das die ökonomischen Auswirkungen angesichts der globalen Situation nicht entscheidend gemildert. Aber unter der Perspektive der Begründungspflicht für freiheitsbeschränkende Maßnahmen, der berechtigten Forderung nach Transparenz und dem Anspruch auf evidenzbasiertes Handeln der Politik war das doch ein sehr bemerkenswerter Vorgang. Die intentionale Seite dieses Vorgangs bleibt Spekulation, aber die präzise Rekonstruktion der Ereignisse sollte zumindest die Möglichkeit eröffnen, auch im Nachhinein nachvollziehbare Begründungen einzufordern.

Wenn sich Regierungen dazu entschließen, auf eine gesundheitliche Bedrohung mit massiven Einschränkungen der Grundrechte und der bürgerlichen Freiheiten zu reagieren, spielt Angemessenheit eine zentrale Rolle. Vor allem aber erwächst aus einem solchen Handeln eine Begründungspflicht, der viele Regierungen, auch die österreichische, nicht in ausreichendem Maß nachgekommen sind. Grundrechtseinschränkende Maßnahmen als „alternativlos" darzustellen, ist unter demokratischen Rahmenbedingungen keine Option. Es gibt immer Alternativen, die unter Einbeziehung von Kritikern und Andersdenkenden zumindest ernsthaft erwogen werden müssen, und deren Ablehnung transparent und nachvollziehbar begründet werden muss.

Der zweite Punkt, an dem sich unsere Chronologie der Entgleisungen deutlich von der medial vermittelten Wirklichkeit unterscheidet, ist der Zustand des österreichischen Gesundheitssystems. Zwar wurde verhindert, dass die Krankenhäuser zu Infektionsherden wurden, und auch die Mobilisierung der im internationalen Vergleich großen Intensivkapazitäten funktionierte gut (wenn auch stark zulasten der Regelversorgung). Wirksame und nachhaltige Containment-Aktivitäten scheiterten allerdings an der föderalistischen Zersplitterung des Systems und an einem de facto dysfunktionalen Ministerium. Durch die Strukturreformen, die während der knapp eineinhalb Jahre amtierenden türkis-blauen Regierung von

Gesundheitsministerin Beate Hartinger-Klein aus parteipolitischen Motiven durchgesetzt wurden, wurde das Haus an die Grenze der Handlungsfähigkeit gebracht. Der kurz vor Ausbruch der Pandemie ins Amt gekommene Rudolf Anschober legte einen Bypass in Form eines hausinternen Krisenstabs, der jene zentralen Funktionen übernahm, die es nach der Strukturreform nicht mehr gab.

Bleibt die Phase der Öffnung. Sebastian Kurz selbst hat in einem Interview Anfang Juni 2020 gesagt, dass „Zusperren immer einfacher als Aufmachen" sei, und in diesem Punkt ist ihm schwer zu widersprechen. Der politische und behördliche Umgang mit den wirtschaftlich Leidtragenden der Corona-Maßnahmen ist kein Ruhmesblatt. Man hat Unternehmer, die einen Entschädigungsanspruch haben, zu Bittstellern gemacht, schlampig ausgearbeitete und widersprüchliche Verordnungen verursachten Unsicherheit und Kosten, der besonders schwer getroffene Kunst- und Kulturbereich mit seiner überdurchschnittlich großen Zahl an prekär existierenden Einzelpersonen wurde im Regen stehengelassen.

Die Welt gehorcht seit Monaten dem virologischen Imperativ, und das wird sich wohl so schnell nicht ändern. Es werden die nächsten Viren auftauchen, und wenn es nicht gelingt, den Panikmodus zu vermeiden, der im Fall von COVID-19 die unmittelbare Folg einer langen Phase der Sorglosigkeit und Beschwichtigung war, wird das unabsehbare Folgen für alle haben. Auch wenn klar ist, dass alternative Vorgangsweisen einzelner Staaten an den makroökonomischen Folgen einer globalen Viren-Panikattacke aufgrund der globalen Verschränkungen und Interdependenzen wenig ändern können, liegt es doch in der Verantwortung des einzelnen Staates, Vorkehrungen zu treffen, die eine Wiederholung des Geschehenen verhindern.

Hinterher ist man immer klüger, heißt es, und schon früh wurden Kritiker des Regierungshandelns als „Besserwisser“ abqualifiziert, die sich auf Kosten einer verantwortungsvoll agierenden Politik wichtig machen wollten. Nun, hoffentlich ist man hinterher klüger, damit man es nächstes Mal besser machen kann. Denn eines ist sicher, egal, ob man den globalen Lockdown für angemessen oder für maßlos übertrieben hält: Noch einmal werden unsere Gesellschaften das ökonomisch, gesundheitlich und sozial eher nicht überleben.

# 1

# Wie das Coronavirus von China nach Europa kam

*Als im Dezember 2019 bekannt wird, dass in der chinesischen Stadt Wuhan ein neuartiges Coronavirus aufgetaucht ist, geht die Welt zunächst davon aus, dass es möglich sein wird, seine Ausbreitung zu verhindern. Die Containment-Bemühungen entgleisen trotz drakonischer Maßnahmen in China, am 13. Jänner 2020 verlässt das Virus China Richtung USA und Europa. In Europa sieht man dennoch keinen Handlungsbedarf, mehrere Warnungen werden ignoriert, und Ende Februar erreicht das Virus auch Österreich.*

## China

### Ein Wildtiermarkt verändert die Welt

November
X
Wuhan

Wuhan – eine Stadt, von der in Österreich kaum einer je zuvor gehört hat, wird binnen weniger Wochen zum Synonym für eine Seuche werden, die die Welt verändert. Optisch zeugt dieses Wuhan von Chinas wirtschaftlichem Aufstieg. Etliche Tunnel und gewaltige Brücken queren den breiten Jangtse-Fluss. Eine gleicht in ihrem Aussehen der Golden Gate Bridge in San Francisco. Am Ufer von Chinas wichtigstem Strom ranken sich Ungetüme aus Glas und Stahl in den Himmel. 438 Meter misst der höchste dieser Türme, an einem weiteren, der über 600 Meter in die Lüfte ragen soll, wird gerade gebaut. Schon jetzt aber nimmt es Wuhans Skyline mit den weitaus bekannteren Metropolen der Welt auf. Elf Millionen Menschen leben in Chinas neuntgrößter Stadt und damit mehr als in Paris, London oder New York. Die zentralchinesische Stadt ist ein Verkehrsknotenpunkt. Der Flughafen zählt zu den größten des Landes, er ist Ausgangspunkt für Direktflüge in Richtung Europa, konkret nach Rom, Paris und London. Noch bequemer sind die Anschlüsse innerhalb des Riesenreichs. Vom modernen Hauptbahnhof, einer Kathedrale aus Kuppeln und Glas, brauchen Hochgeschwindigkeitszüge gerade einmal vier Stunden und zwanzig Minuten in die Hauptstadt Beijing, die 1.150 Kilometer nördlich liegt.

Nur ein paar Blöcke hinter dem Bahnhof tut sich aber eine andere, alte, ja fast schon archaische Welt auf. Auf mehr als 50.000 Quadratmetern breitet sich der Huanan-Fischgroßmarkt aus, wo an die tausend Händler an Ständen ihre Ware feilbieten. Angeboten werden neben allerlei Meerestieren auch Süßwasserfische und Reptilien. Im westlichen Teil des Marktes wirkt die Szenerie, die auf Bildern festgehalten ist, gleich einmal rauer. Dicht gedrängt stehen dort Käfige, in denen wilde Tiere gefangen sind. Was Kunden dort erwerben, ist fern von europäischen Vorstellungen. Neben Füchsen, Schlangen und etlichen Gürteltieren sind auch „Delikatessen" wie Wolfswelpen, Marderhunde oder Fledermäuse zu haben. Die lebenden Tiere werden von den Händlern aus Käfigen gezogen, geschlachtet, portioniert und verkauft. Die *South China Morning Post* wird später von 120 Tierarten berichten, die in den engen Gassen des Marktes ihr letztes Dasein fristen.[1] Ein Bericht der städtischen Seuchenkontrolle spricht von kläglichen hygienischen Bedingungen, dürftiger Belüftung und Abfällen, die sich auf dem nassen Boden häufen, wie die *New York Times* zitiert.[2]

In diesem Umfeld, inmitten des Gestanks und Lärms, der Enge zwischen Mensch und Tier, passiert im Herbst 2019 etwas, das, auch wenn es pathetisch klingen mag, der Geschichte einen neuen Verlauf gibt. Salopper formuliert ließe sich auch sagen, dass dort eine Fledermaus die Welt verändert. Die Weltgesundheitsorganisation (WHO) hat diese mittlerweile mit einiger Sicherheit als ursprüngliches Wirtstier der neuartigen Form des Coronavirus identifiziert. Unklar ist jedoch, ob der Erreger von der Fledermaus direkt auf den Menschen übersprang, oder ob er sich dazwischen noch in anderen Tieren, etwa besagten Marderhunden oder Schuppentieren, einnistete und vermehrte, bevor es zur Übertragung kam. Ebenso ist bis heute nicht geklärt, ob das Virus in einer harmloseren Form bereits länger zirkulierte, aber kaum ansteckend war, bevor eine neue Gensequenz hinzukam, oder ob die Übertragung von Mensch zu Mensch sofort nach dem ersten Überspringen gegeben war.

Gerade deshalb bleibt vieles, was über die Frühphase der Ausbreitung dieses neuen Coronavirus bekannt ist, bis heute provisorisch.[3] Auch und vor allem die Frage nach Patient null, jener Person also, die das Virus als Erste in sich trug. Forscherteams werden viel später die Angaben über sie immer weiter nach vorne korrigieren. Die für gewöhnlich gut informierte *South China Morning Post* aus Hongkong nennt nach Einsicht in Regierungsdokumente den 17. November als mögliches Datum und spricht von einem 55-jährigen Mann als erstem Infiziertem.[4] Später gerät auch das Institut für Virologie in Wuhan als möglicher erster Infektionsherd ins Visier. Rasch verbreiten sich Behauptungen, wonach das neuartige Virus dort entweder künstlich erzeugt worden oder aus Unachtsamkeit entwichen sei. Ersteres wird von Wissenschaftlern nach Analysen des genetischen Codes zurückgewiesen. Auch für die These vom „Entweichen" finden sich keine validen Belege. Der australischen Zeitung *Saturday Telegraph* liegt ein 15-seitiges Dossier ihres Geheimdienstes vor, wonach es in dem Wuhaner Institut zwar tatsächlich teils riskante Experimente mit Coronaviren an Fledermäusen gab.[5] Die dort tätigen chinesischen Wissenschaftler wurden in der Vergangenheit von Australien in ihren Forschungen unterstützt, die USA zogen ihre Förderungen für das Institut hingegen frühzeitig zurück. Es finden sich jedoch in dem Papier keine Beweise dafür, dass in diesen kontroversen Versuchsanordnungen auch der Ausgangspunkt für die aktuellen Infektionen liegen könnte. Was sich darin sehr wohl findet, sind aber reichlich Indizien für Chinas schlampigen und geradezu fahrlässigen Umgang mit der Wahrheit in den folgenden Wochen. Anfang Juni verwies der ehemalige Chef des britischen Geheimdienstes MI6, Sir Richard Dearlove, in einem Interview mit dem *Telegraph*[6] auf eine britisch-norwegische Studie, die erneut Ansatzpunkte dafür liefere, dass das Virus in China künstlich erzeugt worden wäre und durch einen Unfall ausgetreten sei. Britische Regierungsstellen und Wissenschaftler wiesen diese These umgehend als unbegründet zurück.

## Gehäufte Fälle mysteriöser Lungen-erkrankungen

Dezember
8
Wuhan

Teils sehr hohes Fieber, trockener Husten, Atemschwierigkeiten, Durchfall, Kopfschmerzen. Im Zentralkrankenhaus von Wuhan häufen sich Fälle einer mysteriösen Lungeninfektion, die den Ärzten Rätsel aufgibt. 27 Patienten sind deswegen in Behandlung, die meisten von ihnen stehen in direkter Verbindung zum Wildtiermarkt der Stadt. Entgegen den Vorgaben gibt das Spital diese Informationen aber nicht an das nationale Zentrum für Seuchenbekämpfung in Beijing weiter.

## Kalter Schweiß, harte Zensur

Dezember
27
Wuhan

Immer mehr Patienten landen mit ähnlichen Symptomen im Spital. Ihr Zustand verschlechtert sich rasch, und ihre Proben gehen an verschiedene Labors in China. Aus einem kommt ein Befund, der alle erschreckt: „SARS-Coronavirus". „Mir brach vor Angst der kalte Schweiß aus, als ich das las", wird sich Ai Fen, die Leiterin der Notaufnahme im Zentralkrankenhaus von Wuhan, im März in einem Interview erinnern. Binnen Minuten wird dieses Interview von den Zensurbehörden gelöscht, doch User sichern es, übersetzen es in Dutzende von Sprachen, etwa auch in Blindenschrift oder Hieroglyphen, um die Staatsmacht auszutricksen und das Land über die Anfänge der Vertuschung zu informieren.[7] Denn das Virus macht Chinas Diktatur Angst, da alles, was nicht beherrschbar scheint, als Gefahr für das System gilt. Mit SARS, das abgekürzt für Schweres Akutes Atemwegssyndrom steht, hat China im Herbst 2002 bereits Erfahrungen gemacht. Damals verursachte das Virus, das sich über die ganze Welt ausbreitete und zur Pandemie wurde, 774 Todesfälle. Erstmals wurde man sich im 21. Jahrhundert bewusst, wie globalisiert die Welt geworden war, wenngleich die Erleichterung überwog, noch einmal mit einem blauen Auge davongekommen zu sein. Als Lehre ließ die EU in Stockholm eine Behörde einrichten, der diesmal noch eine wichtige Rolle zuteil werden würde – ECDC, das europäische Zentrum für die Prävention und Kontrolle von übertragbaren Krankheiten.

Während jetzt der Laborbefund auch nach Beijing ergeht, fotografiert ihn die Ärztin Ai Fen mitsamt des Lungen-CT des Patienten ab und leitet beides in einer internen Gruppe an Kollegen weiter, damit sich diese in Acht nehmen. Auch der 33 Jahre alte Augenarzt Li Wenliang, der im selben Spital von Wuhan arbeitet, liest das und warnt in einer Chatgruppe seine Studienfreunde vor einem neuen SARS-Ausbruch. Als sich seine Nachricht im Netz verbreitet, erfolgt auch schon der Aufruf der Gesundheitskommission der Provinz Hubei: Alle weiteren Tests seien umgehend zu stoppen, die Proben sofort zu vernichten.

## Beijing schaltet sich und die WHO ein

Dezember
31
Wuhan

Aus Beijing trifft eine Expertengruppe in Wuhan ein. Sie setzt das WHO-Büro in China über die unheimlichen Infektionen in Kenntnis. Dieses geht mit einem Bulletin erstmals an die Öffentlichkeit. Darin werden „27 Fälle von Lungenerkrankungen unbekannter Ursache" geschildert, von denen elf Patienten „schwerstkrank" seien. Eine weitere Zeile wird für die Wahrnehmung der Welt entscheidend: „Vorläufigen Informationen des chinesischen Untersuchungsteams zufolge gibt es keinen eindeutigen Hinweis auf eine Mensch-zu-Mensch-Übertragung."[8] Das heißt nichts anderes als: kein Grund zur Panik und auch keine Notwendigkeit, das medial groß zu vermelden. „Mysteriöse Lungenkrankheit in Zentralchina ausgebrochen", betitelt die Austria Presse Agentur (APA) am Silvestertag um 11.04 Uhr ihre erste Meldung zu Corona.[9] Sie wird sich am nächsten Tag, wenn überhaupt, nur als Randnotiz in manchen Zeitungen wiederfinden. In Wirklichkeit sind zu diesem Zeitpunkt aber nicht 27 Fälle, sondern mindestens 266 offiziell bekannt, darunter auch solche von Patienten, die keinerlei Kontakt zum Wildtiermarkt hatten, was klar für eine Mensch-zu-Mensch-Übertragung spricht. Gerade die regionalen Delegierten der kommunistischen Staatspartei versuchen jedoch aus Angst, die Genossen in Beijing zu erzürnen und damit ihrem eigenen Fortkommen zu schaden, das wahre Ausmaß des Ausbruchs der Epidemie herunterzuspielen.

Noch am selben Tag reagieren aber führende Kräfte der Gesundheitsbehörde von Taiwan skeptisch auf die Nachrichten aus Wuhan. Erst registrieren sie im Netz verdächtige Postings, in denen von einem neuen SARS-Ausbruch die Rede ist und die rasch wieder aus Chinas sozialen Medien verschwinden. Dann macht sie eine Zeile im kurzen WHO-Bulletin zu Wuhan stutzig. Dort ist von der „Isolierung der Patienten für die Behandlung" die Rede, was ihnen sonderbar erscheint, wenn gleichzeitig eine Übertragung von Mensch zu Mensch ausgeschlossen wird. Taiwans Gesundheitsbehörde wendet sich mit einem E-Mail an die WHO[10] und bittet um nähere Informationen[11]. Ein eigener Sitz in der Weltgesundheitsorganisation wird Taiwan auf Druck Chinas verwehrt, und auch diesmal bleibt eine Antwort aus. Trotzdem beginnt Taiwan noch am selben Tag damit, alle aus Wuhan ankommenden Flugpassagiere einer Gesundheitskontrolle zu unterziehen.

Chinas Behörden handeln eher gemäß der Devise: Nach außen kalmieren, nach innen drangsalieren. Der Augenarzt Li, der als erster Warner auftrat, wird erst von seiner Klinikleitung einbestellt, um „Selbstkritik zu üben", später nimmt die Polizei ihn und sieben weitere Personen als Störer der öffentlichen Ordnung fest, mahnt sie ab und droht ihnen Schlimmeres an, falls sie weitermachen. Auch Ai Fen, die Leiterin der Notaufnahme des Zentralspitals von Wuhan, bekommt später wegen ihrer Offenheit und Kritik am Krisenmanagement der Behörden Probleme mit der Staatsmacht.[12] Während Zensoren in sozialen Medien alles löschen, was mit Wuhan, SARS oder dem Wildtiermarkt in Zusammenhang steht, wird die Schließung dieses Markts vorbereitet. Die Tiere dort werden getötet und damit auch alle Versuche zunichte gemacht, noch Untersuchungen an potenziellen Virusträgern vorzunehmen.

## Der erste Corona-Tote

Jänner
9
Wuhan

Inzwischen ist dem Virus der vorläufige Name 2019-nCov verliehen worden, was für „neuartiges Coronavirus 2019" steht. Später wird die WHO die dadurch ausgelöste Erkrankung offiziell als COVID-19 (Coronavirus Disease 2019) bezeichnen. Nach der Räumung des Wildtiermarkts rühmen sich die lokalen Funktionäre, das Virus besiegt zu haben. Alles andere käme jetzt nicht gut, tagt doch gerade der regionale Volkskongress der Provinz, bei dem es um Karrieren statt Krisen geht. In Wirklichkeit steigen aber die Fallzahlen. Doch die Menschen, die nun hustend durch Wuhan laufen, glauben weiter, sich einfach eine Erkältung eingefangen zu haben, und verbreiten das Virus. Bald infizieren sich erste Bedienstete im Gesundheitswesen der Stadt, unter ihnen auch der Augenarzt Li. Am 10. Jänner beginnt er stark zu husten, am 11. hat er Fieber, am 12. wird der 33-Jährige ins Krankenhaus eingeliefert. Bereits am 9. Jänner verstirbt dort ein 61-jähriger Bewohner von Wuhan an Lungenversagen. Er ist der weltweit erste Corona-Tote, und selbst von seinem Tod erfährt die Welt erst mit zwei Tagen Verspätung. Das ECDC, das Frühwarnzentrum der EU, verschickt an diesem Tag seinen ersten Bericht an die Gesundheitsministerien der Mitgliedstaaten und die Kommission in Brüssel. Als „gering" wird darin sowohl das Risiko für Reisende nach China eingeschätzt als auch die Eintrittswahrscheinlichkeit des Virus in die EU.

## Das Coronavirus verlässt China

Jänner
13
China

Forscher in Shanghai laden die Gensequenz des Virus in eine internationale Datenbank und schaffen damit die Grundlage für Antikörpertests und später auch für den weltweiten Wettlauf nach einem Impfstoff. Währenddessen kommt es zu ersten Infektionsfällen außerhalb Chinas, erst in Thailand, später in Japan, innerhalb der folgenden 14 Tage auch in Europa und den USA. Chinas Regime unternimmt derweil alles, um den Rest der Welt über das wahre Ausmaß der Epidemie im Dunkeln zu lassen. Die WHO lobt das rasche Handeln der chinesischen Behörden und begnügt sich damit, deren Bulletins unhinterfragt zu verbreiten, ohne selbst Expertise vor Ort zu haben.

Ganz anders reagiert das längst misstrauisch gewordene Taiwan. Der von China als abtrünnige Provinz erachtete Inselstaat liegt nur 150 Kilometer vom Festland der Volksrepublik entfernt. Da die Beziehungen zwischen den Wissenschaftlern beider Länder trotzdem vergleichsweise eng sind, beantragt Taiwans Zentrum für Seuchenschutz und -kontrolle bei Chinas Gesundheitsbehörde die Erlaubnis, selbst Virologen nach Wuhan zu schicken. Als dem stattgegeben wird, nehmen zwei Forscher das nächste Flugzeug. Zwischen 13. und 15. Jänner sind sie, sowie Kollegen aus Hongkong und Macau, in der Stadt unterwegs und gewinnen den Eindruck, dass dort etwas vertuscht wird, wie ein Teilnehmer später dem Magazin *Time* schildert.[13] Schließlich gesteht einer der chinesischen Offiziellen, dass unter den Infizierten auch eine physisch behinderte Frau sei, die nachweislich nie auf dem Wildtiermarkt gewesen sein kann. „Ihnen fiel es schwer, eine eingeschränkte Übertragung von Mensch zu Mensch zuzugeben. Aber für mich war das dann vollkommen klar", sagt einer von Taiwans Teilnehmern später in einem Interview mit dem Londoner *Telegraph*.[14] Entsprechend alarmiert kehren die Taiwanesen heim und geben diese Information an befreundete Staaten weiter. Selbst riegeln sie ihren Staat rigoros ab und werden damit zum Leuchtturm in der Corona-Prävention. Denn von den 24 Millionen Einwohnern Taiwans infizieren sich trotz der Nähe zu China gerade einmal 441 Menschen, nur sieben sterben am Virus.

Welche Tragweite dieses Virus tatsächlich hat, darüber dürfte im Inneren des Beijinger Machzirkels zu diesem Zeitpunkt längst eine klare Vorstellung bestanden haben. Denn bereits zu diesem Zeitpunkt beginnt das Regime im Verdeckten damit, Schutzausrüstung in großer Zahl aufzukaufen. So sollen etwa in Tschechien einflussreiche Exil-Chinesen, die auch dem Nationalen Volkskongress ihres Landes angehören, erste Versuche unternommen haben, sowohl Schutzmasken als auch Beatmungsgeräte zu sammeln und für den Versand nach China vorzubereiten. So berichtet es der tschechische Inlandsgeheimdienst BIS in einem geheimen Dossier, das später auf dem Tisch von Premierminister Andrej Babiš landet.[15]

## China gibt Mensch-zu-Mensch-Übertragung zu

Jänner
20
China

Noch am Vortag fand in Wuhan das „Fest der zehntausend Familien" statt, ein Massenevent aus Anlass des bevorstehenden Neujahrsfests, bei dem bis zu 40.000 Familien teilgenommen haben. Doch 65 Tage nach dem ersten Bekanntwerden des mutmaßlichen Patienten null kommt für China der Moment der Wahrheit: Das Regime muss zugeben, was es bisher in Abrede stellte, nämlich dass das Virus von Mensch zu Mensch übertragbar ist. Nach Wochen des Schweigens, des Geheimhaltens und des Vertuschens, kommt heraus, dass sich auch schon Ärzte und Pflegepersonal infiziert haben. China spricht von 14 derartigen Fällen. Und lügt damit erneut. Denn geleakte Dokumente der Seuchenbehörde zeigen später, dass die Zahl bestätigter Fälle bereits bei mehr als 500 liegt.[16] Es ist diese fahrlässige Informationspolitik, die später, sobald das Virus Europa und die USA erreicht haben wird, zu heftiger Kritik führt. Denn eines ist klar: China verfügte über die Möglichkeiten und die Voraussetzungen, die Ausbreitung des Virus frühzeitig zu stoppen. Nach der SARS-Epidemie 2002 hatte das Land eigens ein Frühwarnsystem etabliert, das die sofortige Meldung unklarer Fälle von Lungenerkrankungen vorsah, was eine Kette von Maßnahmen zur unmittelbaren Eindämmung in Gang gesetzt hätte. Doch politische Erwägungen der regionalen KP-Funktionäre in Wuhan sabotierten dieses System und verschleppten den Informationsfluss. Was Wuhan erst Beijing verschwieg, verschwieg Beijing später der ganzen Welt. Die Zeit, die dadurch verloren ging, beschleunigte die Ausbreitung des Virus. Hätte die Eindämmung funktioniert, wären der Welt nicht nur viele Tote erspart geblieben, sondern auch der Lockdown ganzer Volkswirtschaften und damit verbundene horrende Schäden.

## Wuhan wird abgeriegelt

Jänner
23
Wuhan

Um zwei Uhr nachts gibt die chinesische Regierung bekannt, die Millionenstadt Wuhan abzuriegeln, Soldaten und zusätzliche Sicherheitskräfte werden aus Beijing eingeflogen. Sie sollen gerade vor dem unmittelbar bevorstehenden Neujahrsfest verhindern, dass Menschen die Stadt noch verlassen. Viele Chinesen sind aber längst unterwegs und nutzten dabei auch den Verkehrsknotenpunkt Wuhan. Und selbst jetzt spielt die zentral gesteuerte Informationspolitik Beijings ein doppeltes Spiel. In der *Volkszeitung*, dem Propaganda-Organ des Regimes, kommt das Coronavirus noch immer mit keinem Wort vor. Auch Staats- und Parteichef Xi Jinping hat bisher nur eine kurze Stellungnahme abgegeben. Parallel eskaliert die Lage. Offiziell vermeldet China zu diesem Zeitpunkt 644 Infizierte. Experten des Imperial College in London schätzen, dass die wahre Zahl allein in Wuhan bei mehr als 4.000 liegen dürfte.[17] In sozialen Medien kursieren Videos aus den völlig überlaufenen Spitälern der Provinz. Sie zeigen Notaufnahmen, in denen kranke Menschen auf dem Boden liegen und wo Gesundheitspersonal teilweise weiter ohne Schutzausrüstung Dienst tut. Bald ist klar, dass es nicht reicht, Wuhan abzuriegeln, der Lockdown wird auf die gesamte Provinz Hubei mit 60 Millionen Menschen ausgeweitet. Es ist die größte Quarantäne der Menschheitsgeschichte und ein weiteres Indiz für den Ernst der Lage. Trotzdem sieht in dem, was wie im Zeitraffer in Wuhan abläuft, kaum einer das, was es ist: ein Blick in die eigene Zukunft. Die Bilder der leeren Autobahnen, die Aufnahmen der leergeräumten Supermärkte, die verängstigten Gesichter der Menschen hinter den Masken – das alles ist die Blaupause dessen, was sich wenige Wochen später auch in Europa wiederholen wird. Auch wenn es dort bislang noch keiner der Verantwortlichen so wahrnimmt. Derweil hält die WHO, die weiterhin kein eigenes Team von Experten zur unabhängigen Beurteilung der Lage in China hat, an ihrem beschwichtigenden Kurs fest und ruft keinen globalen Gesundheitsnotstand aus. Ein solcher hätte zur Folge, dass Flugverbindungen nach China hinterfragt und Passagiere von dort überprüft würden. Dies sei nicht zwingend nötig, heißt es aus der Genfer WHO-Zentrale, denn es gebe keinen Hinweis darauf, dass sich das Virus auch außerhalb Chinas von Mensch zu Mensch übertrage.

Bei wie vielen offiziell COVID-19-Erkrankten der Lockdown je Nation erfolgte

Summe bestätigter infizierter COVID-19-Patienten am Tag der Einführung des Lockdowns

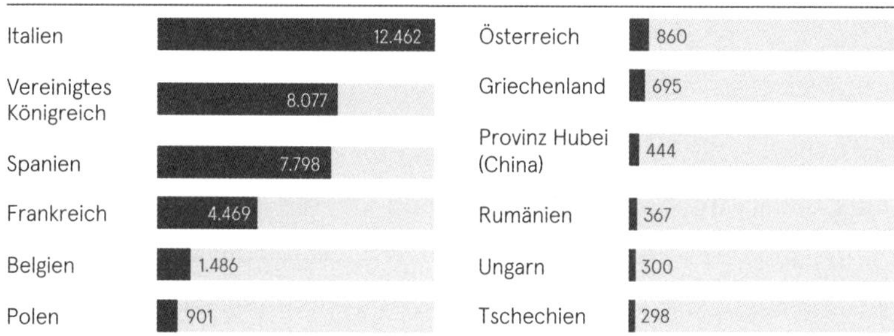


Quelle: Johns-Hopkins-Universität, WHO

# Europa

## Rätsel um Europas ersten Corona-Fall

Jänner
24
Frankreich

Frankreich vermeldet die ersten drei Corona-Fälle in Europa. Eine aus China zurückgekehrte Person habe sich dort mit dem Virus infiziert und auch zwei Familienangehörige angesteckt. Im Mai wird sich jedoch herausstellen, dass Europas Patient null schon im Dezember erkrankt sein dürfte.[18] Ein Fischhändler aus der Pariser Vorstadt, dessen Frau am Flughafen Charles de Gaulle arbeitet, kam am 27. Dezember ins Krankenhaus und berichtete, in der Nacht zuvor Blut gespuckt zu haben. Seine Temperatur lag bei über 40 Grad, die Ärzte gingen von einem schweren Verlauf der saisonalen Grippe aus. Erst Monate später begannen sie, alte Proben erneut auf COVID-19 zu prüfen und wurden bei dem inzwischen genesenen Fischhändler fündig. Dies und ähnliche Berichte über weitere frühe Verdachtsfälle im Elsass zeigen, dass das Coronavirus in China schon weit früher als bisher bekannt gewütet haben dürfte und so auch in Europa bereits Ende des Jahres eintraf.

## Das Virus kommt in Tirol an

Jänner
26
Tirol

Das Coronavirus kommt parallel in den Tiroler Alpen und im österreichischen Bundesgesetzblatt an: In Wien wird die Verordnung für anzeigepflichtige übertragbare Krankheiten vom Gesundheitsministerium adaptiert: Jeder Verdachts-, Erkrankungs- und Todesfall, der auf COVID-19 zurückzuführen ist, muss nach dem Epidemiegesetz von 1950 binnen 24 Stunden an die zuständige Verwaltungsbehörde gemeldet werden. COVID-19 existiert in Österreich nun offiziell. Zur selben Zeit ist das Virus bereits in Tirol. Eine Urlauberin reist nach einem dreitägigen Urlaub von der Dortmunder Hütte im Kühtai ab. Zurück in Deutschland wird die Frau positiv auf Corona getestet. Das bayerische Gesundheitsamt informiert die Tiroler über das Gesundheitsministerium. Die Pressestelle des Landes Tirol sieht „keinen Grund zur Beunruhigung – weiterhin keine Verdachtsfälle in Tirol". Auch der erst vor wenigen Wochen angelobte neue Gesundheitsminister Rudolf Anschober sagt bei der ersten Klausur der Regierung in Krems, dass für ihn gerade die Influenza das „prioritäre Thema" sei.[19]

## Trump erhält Geheimdienstbriefing zu Corona

Jänner
28
Washington

Nach einer ersten Information am 23. Jänner ist das Coronavirus zum zweiten Mal Thema eines Geheimdienstbriefings für US-Präsident Donald Trump, wie *Bloomberg*[20] und das *National Public Radio*[21] später aus Sicherheitskreisen erfahren. Während an der Westküste der USA in diesen Tagen ein erster COVID-19-Fall registriert wird, teilen die Dienste dem Präsidenten mit, dass das Virus das Potenzial habe, „sich global zu verbreiten", aber für den Großteil der Angesteckten „nicht tödlich" sei. Trump erfährt auch, dass China „Informationen zurückhält" und lässt mit Monatsende ein Einreiseverbot für China verhängen sowie Besucher der Provinz Hubei unter Quarantäne stellen. Bei manchen seiner Auftritte witzelt Trump jedoch über das Virus, das sein Land so hart treffen wird wie kein anderes. Ende Mai wird die Zahl der Toten dort die 100.000er-Marke übersteigen, bis zu ein Viertel der Beschäftigten, fast 40 Millionen Menschen, werden ohne Arbeit sein.[22]

## Die EU aktiviert den Krisenmechanismus, und keinen kümmert es

Jänner
29
Europa

Acht Fälle von Corona-Infektionen sind in der EU offiziell bekannt, vier in Frankreich, vier in Deutschland, bei allen lässt sich die Ansteckung auf Reisen in die chinesische Provinz Hubei zurückführen. Es werden noch gut drei Wochen vergehen, bevor Italien als erster EU-Staat einen Corona-Toten meldet. Am Nachmittag dieses Mittwochs treten erstmals zwei Kommissare vor die Presse, die zu zentralen Akteuren der EU in der Corona-Krise werden: Die Psychologin Stella Kyriakides aus Zypern ist für Gesundheit zuständig, der Karrierediplomat Janez Lenarčič aus Slowenien ist der Krisenkommissar der EU. Sie haben ein gemeinsames Problem: Beide sind sie Politiker ohne echte Macht. Noch beim Verfassungskonvent von Lissabon 2002 war vor dem Hintergrund der Bedrohung durch SARS darüber diskutiert worden, der EU bei grenzüberschreitenden Pandemien eine Notkompetenz zuzuschreiben. Umgesetzt wurde das nicht. Gesundheit blieb die alleinige Angelegenheit der Mitgliedstaaten. Der Kommission kommt maximal eine koordinierende Aufgabe zu, doch selbst diese muss erst der Rat der nationalen Minister aktivieren. Daher geht es an diesem Tag auch um Worte. Darum, mit ihnen ein Bild zu erzeugen, das in den Gesundheitsministerien der Mitgliedsländer dazu führt, Pläne auszuarbeiten, Bestände an Schutzmaterialien zu überprüfen, sich auf das, was unter Umständen kommen mag, vorzubereiten, kurz: die Sache ernst zu nehmen. Selbst im Räderwerk der Brüsseler Bürokratie sorgt das frühe An-die-Öffentlichkeit-Gehen der Kommissare für Verwunderung. Die zwei haben sich im Vorfeld abgestimmt. Kyriakides, die Medizinerin, soll beruhigend auftreten, Lenarčič den alarmierenden Part übernehmen. Mehr können beide kraft ihrer Kompetenz nicht tun.

„Wir sagten den Mitgliedstaaten an diesem 29. Jänner also, dass sie sich vorbereiten sollen", erinnert sich Kommissar Lenarčič heute, „ich behaupte nicht, dass wir vorhergesagt hätten, was passieren würde, nein, das wäre vermessen, aber wir sahen klar die Gefahr und warnten. Das Feedback, das wir aus den Mitgliedstaaten erhielten, war ermutigend. Überall hieß es, sie seien gut ausgerüstet und zuversichtlich, dass ihre Gesundheitssysteme das schaffen."

Parallel drängen die Kommission und einige Mitgliedstaaten intern darauf, eine außerordentliche Sitzung der EU-Gesundheitsminister einzuberufen, um Vorkehrungsmaßnahmen in die Wege zu leiten. Dies zu organisieren, ist Aufgabe des EU-Vorsitzlandes. Seit Jahresbeginn ist Kroatien in dieser Rolle. Doch dort hatte am Tag zuvor Premier Andrej Plenković seinen Gesundheitsminister wegen undurchsichtiger Immobiliendeals aus der Regierung entlassen. Bis sich sein Nachfolger eingearbeitet haben wird, vergehen kostbare Wochen. „Dieser Rücktritt erfolgte zur kritischsten Phase", sagt ein Insider in der Kommission, „wichtige Zeit ging verloren. Man muss leider sagen, dass sich das EU-Vorsitzland Kroatien im Krisenmanagement nicht gerade mit Ruhm bekleckert hat."

„Ist es nicht überhaupt übertrieben, angesichts von acht Fällen in der EU eine solche Sitzung einzuberufen?", fragt eine Journalistin Kommissarin Kyriakides während der Pressekonferenz, „man kauft dann wieder nur große Mengen an Schutzkleidung, die wie bei der Schweinegrippe am Ende ja doch keiner braucht." Die Frage spiegelt gut die Stimmungslage in Europa zu dieser Zeit wider. Corona, das ist etwas, das im fernen China wütet, mehr nicht. Hinzu kommt, dass Politiker ungern potenziell teure Ankaufentscheidungen auf Basis einer unklaren wissenschaftlichen Lage treffen. In Österreich etwa sind Maria Rauch-Kallats neun Millionen Vogelgrippe-Masken bis heute in Erinnerung geblieben. Kommissarin Kyriakides pocht in ihrer Antwort aber darauf, dass die Sondersitzung nötig sei, „wir die Lage nicht unterschätzen dürfen", die Mitgliedstaaten sich vorbereiten müssten und ihre Bestände aufstocken sollten. Sie wird diesen Satz in den folgenden Wochen noch unzählige Male wiederholen, ohne dass er gehört würde.

Am nächsten Tag screenen die Teams der beiden Kommissare Europas Medien und sind überrascht bis erschüttert: „Da war nichts, kein einziger Artikel", erinnert sich Lenarčič, „die Pressekonferenz fand vor einem fast leeren Raum statt, ganz wenige Journalisten kamen. Alles schaute ins EU-Parlament, wo die Briten das letzte Mal dabei waren. Aber Coronavirus? Fehlanzeige, völliges Desinteresse."

## Die EU-Mitgliedstaaten haben „alles unter Kontrolle"

Februar
4
Europa

Auf EU-Ebene finden nun Koordinationssitzungen zwischen den Beamten der jeweiligen Gesundheitsministerien und der Generaldirektion der EU-Kommission statt. Die Botschaft, die nach außen dringt, klingt klar und wird sich als erschreckend falsch erweisen: „Alles unter Kontrolle." Die Staaten vermelden nach Brüssel, gut aufgestellt zu sein, über ausreichend Schutzausrüstung, Masken, aber auch Beatmungsgeräte zu verfügen. Ein Angebot der Kommission, gemeinsam zusätzliches Material auf dem Weltmarkt aufzukaufen, wird negativ beschieden, wie interne Aufzeichnungen zeigen. „Warum macht ihr wegen dem Ganzen so einen Wirbel? Das war es, was wir damals aus den Ministerien etlicher Hauptstädte zu hören bekamen", erinnert sich ein Teilnehmer dieser Sitzungen, die hinter verschlossenen Türen stattfanden. Nur vier kleine EU-Staaten, auf Inseln und im Baltikum gelegen, geben an, Engpässe zu befürchten, sollte sich die Lage verschlimmern. Auch was die Corona-Testkits anbelangt, sind die Mitgliedstaaten zuversichtlich und vermelden keine Notwendigkeit zu gemeinsamen Ankäufen. Weiter entfernt von der Wirklichkeit, die sich schon in wenigen Wochen in ihren Ländern zeigen wird, könnten sie damit kaum liegen. In fast allen EU-Staaten wird es rasch zu dramatischen Engpässen an Ausrüstung und Testmöglichkeiten kommen. Erst wird es Italien sein, in dessen Spitälern Schutzkleidung für das medizinische Personal fehlt. Mehr als 10.000 Ärzte und Krankenpfleger werden sich allein dort mit dem Virus infizieren. Bald darauf wird die Lage in fast allen EU-Staaten Westeuropas ähnlich sein. Allein in Spanien werden 13,6 Prozent aller Infizierten aus dem Gesundheitssystem stammen, was in Spitälern zu weitreichenden Quarantänen führen und den Zusammenbruch des Gesundheitswesens beschleunigen wird.

## Whistleblower Li stirbt; Ministerin Edtstadler besucht ECDC

Februar
7
China

Zwei Wochen sind seit dem Lockdown der Provinz Hubei vergangen. Die Bilder, die von dort kommen, wirken immer bedrohlicher. China gibt bekannt, innerhalb weniger Tage ganze Instant-Spitäler aus dem Boden zu stampfen, um der großen Zahl an Patienten, die mit dem Tod ringen, überhaupt noch Herr zu werden. Längst berichten Medien, dass das wahre Ausmaß der Epidemie dort vom Regime weiter heruntergespielt würde. Chinesische Blogger, die das aufdecken, verschwinden einfach. Der Zustand des Augenarztes Li Wenliang, der der erste Whistleblower war, verschlechtert sich drastisch. Aus dem Krankenbett gibt der 33-Jährige Interviews. Der *New York Times* sagt er: „Wenn die Beamten Informationen über die Epidemie früher geteilt hätten, wäre vieles besser. Es sollte mehr Offenheit und Transparenz geben.“[23] Sechs Tage nach diesem Interview stirbt Li am 7. Februar. Er hinterlässt eine schwangere Frau und ein Kind.

In Europa gewinnt derweil eine EU-Agentur an Bedeutung, die am Stadtrand von Stockholm ihren Sitz hat: ECDC. Was klingt wie der Name einer australischen Hardrockband, ist Europas Agentur für öffentliche Gesundheit. 2005 gegründet und mit 290 Mitarbeitern und einem jährlichen Budget von 60 Millionen Euro ausgestattet, ist sie so etwas wie die Frühwarnstelle der EU für Seuchen und Epidemien. Eigentlich. Wer annimmt, dass beim Ausbruch der Corona-Krise auch die Stunde des ECDC schlüge, irrt jedoch. Anfangs finden sich auf deren Internetseite die Bewertungen zum neuen mysteriösen Virus verborgen zwischen Infos zur Stechmücke am Nil und dem Mumps. Während China den Lockdown von Wuhan vorbereitet, bewertet ECDC „die Wahrscheinlichkeit des Imports von Fällen in die EU als gering".

Als Europaministerin Karoline Edtstadler am 7. Februar auf ihrer Tour durch die EU-Hauptstädte bei ECDC eintrifft, sind offiziell 31.503 Infizierte bekannt, davon 29 Fälle in der EU. In China sind 638 Menschen an COVID-19-bedingten Erkrankungen verstorben. Die Ministerin wird in das „Emergency Operation Centre" der Agentur geführt. Dort leuchtet auf einem großen roten Display die Aufschrift „PHE Level 2 Acute Phase" – höchste Alarmstufe also, möchte man meinen. Doch der Status gibt nicht die Gefahr durch das Virus wieder, sondern den Arbeitsaufwand, den der Ausbruch dem ECDC verursacht. Zwischen Jänner und Februar arbeitet die Agentur in Doppelschichten und fertigt 18 Statements zum Virus an, die an die nationalen Gesundheitsministerien und die EU-Kommission ergehen. Heute erklärt ECDC, „zwischen Jänner und April die Bewertung des Risikos achtmal verändert" zu haben und zwar

„von gering am Anfang zu moderat und sehr hoch, jeweils dem Verlauf des Ausbruchs und der Relevanz für Europa folgend".

Und genau darin liegt auch eines der Probleme im Handeln von Europas wichtigster Frühwarnstelle: Ihr käme die Aufgabe zu, Gefahren und Risiken einer Epidemie zu identifizieren und vor ihr zu warnen, bevor andere sie überhaupt auf dem Radar haben. Bei ECDC verliert sich das Gefühl für die Gefahr aber zwischen den Zeilen ihrer Reports. Diese erwecken zu keinem Zeitpunkt den Eindruck, die Agentur sei der Ausbreitung der Epidemie auch nur einen einzigen Schritt voraus. Vielmehr wirkt es so, als beschränke sie sich auf das Rapportieren des bereits Bekannten. ECDC ist damit ein wenig wie der Verkehrsfunk, der einen zuverlässig über einen Stau informiert, sobald man selbst darin steht. Auch als in Italien bereits Menschen sterben und die Lombardei erste Virusherde komplett abriegelt, bleibt ECDC bei ihrer Risikoeinschätzung von „gering bis moderat" für den Rest der EU.

Zu diesem Zeitpunkt seien „nur wenige Informationen über die verschiedenen COVID-19-Cluster in den vier Regionen" vorhanden gewesen, verteidigt Andrea Ammon, die Leiterin von ECDC, ihre damalige Fehleinschätzung. Zudem habe sich „die Situation sehr dynamisch entwickelt und mehr Fälle wurden in den folgenden Tagen bekannt", weshalb man vor dem Entstehen ähnlicher Cluster in anderen Gebieten der EU gewarnt habe. Ammon ist Deutsche, seit 2011 am ECDC, das sie seit 2015 leitet. Zuvor stand sie am deutschen Robert-Koch-Institut der Abteilung für infektiöse epidemische Erkrankungen vor. Fachlich wäre sie damit die richtige Person zur richtigen Zeit. Sie nimmt auch an allen wesentlichen Sitzungen teil, doch bei diesen Auftritten vor Entscheidungsträgern wie Ministern und Abgeordneten gelingt es ihr nur schwer, abseits der wissenschaftlichen Darstellung zu überzeugen. Fragt man sie, warum es der EU nicht gelungen ist, das Virus rechtzeitig einzudämmen, argumentiert Ammon mit dessen Charakteristiken: „Erst im Laufe der Zeit wurde klar, wie einfach es übertragbar ist, und zwar auch von Personen ohne oder nur mit milden Symptomen. Die große Zahl der milden Verläufe kombiniert mit der einfachen Übertragbarkeit hemmte die Eindämmung."

In Brüssel aber wird die Frage lauter, ob ECDC der Herausforderung gewachsen war. „Sie waren präsent, schrieben Berichte, das ist alles richtig. Aber man muss sich fragen, ob sie auch ein richtiges Krisenmanagement-Tool sind oder nicht. Wenn sie es wären, müssten sie ihre Empfehlungen sehr direkt, um nicht zu sagen, alarmierend, abgeben", heißt es in Kommissionskreisen, „das taten sie aber nicht, das wirkte alles sehr getragen." Eine in Brüssel einflussreiche Stimme gibt jedoch zu bedenken, dass selbst lautere Warnungen von den Mitgliedstaaten möglicherweise nicht gehört worden wären. Sie führt aus, dass ECDC im Vergleich zu nationalen Einrichtungen, wie etwa dem deutschen Robert-Koch-Institut, dürftig ausgestattet sei, keine operativen Befugnisse und auch niemanden in China vor Ort habe: „Man kann sich nicht erst einen kleinen Citroën anschaffen und sich dann in der Krise beschweren, dass man keinen SUV hat."

## Anschober und die anderen kommen und entscheiden wenig

Februar
13
Brüssel

Es ist ein wolkenverhangener Donnerstagmorgen, als die Gesundheitsminister der EU-Mitgliedstaaten in Brüssel eintreffen. Zwei

Wochen sind durch den Rücktritt des kroatischen Vorsitzes ungenützt verstrichen. China meldet zu diesem Zeitpunkt 60.330 Infektionen und 1.369 Todesfälle. In Europa ist bei 44 Personen eine Infektion festgestellt worden. Am nächsten Tag wird in Italien der erste Europäer an COVID-19 sterben. Für Rudolf Anschober ist es der erste Brüssel-Auftritt als Minister. Vor Journalisten spricht er davon, dass dessen Zentrum „gut eingrenzbar" und „die EU gut abgeschirmt" sei. Hinter verschlossenen Türen pochen Staaten wie Italien und Tschechien jedoch auf EU-weite Landeverbote für Flüge aus China. Rom hat solche national bereits am 31. Jänner verhängt, kann aber nicht verhindern, dass über Umsteigeverbindungen potenziell weiterhin Infizierte ins Land gelangen. So landen etwa allein in Wien wöchentlich rund 400 Passagiere aus China. Österreich zählt zu den Staaten, die Verbote ablehnen, wie Anschober beim Eintreffen in Brüssel erklärt: „Reisebeschränkungen halte ich derzeit in Europa für nicht angebracht. Wir müssen schon darauf achten, dass wir aus einer Situation, wo in Europa Ernsthaftigkeit, Vorsicht und Aufmerksamkeit angebracht ist, keine Panik erzeugen. Panik ist in Europa derzeit völlig unangebracht, wäre ein schlechter Ratgeber, sondern wir müssen mit ruhiger Hand darauf reagieren, was notwendig ist, um das Hauptziel zu erreichen, nämlich Europa zu schützen, und das geht mit einem starken, gemeinsamen Vorgehen am besten."

In der nichtöffentlichen Sitzung einigen sich die Gesundheitsminister zumindest darauf, die Kommission nun doch mit dem gemeinsamen Ankauf von Schutzausrüstung und Masken zu beauftragen. Der neue kroatische Vorsitz, Gesundheitsminister Vili Beroš, ist weiter vom „hohen Grad der Vorbereitung der EU" überzeugt, der ihm, wie er sagt, auch von ECDC-Leiterin Andrea Ammon bestätigt wurde. In der Abschlusserklärung des Sonderrates ist dann viel vom gemeinsamen Wollen zu lesen. Vor der Presse betonen die Minister ihre „Solidarität" und die „Notwendigkeit, gemeinsam zu handeln". Nur zwei Wochen werden vergehen, bis sie das Gegenteil des Gesagten tun.

## Die WHO reist nach China und lobt das Land

Februar
16
China

Ein internationales Team aus 25 Medizinern landet in China. Es ist die erste offizielle WHO-Mission, nachdem sich Beijing lange geweigert hat, ausländische Experten ins Land zu lassen. Die Virologen beeindruckt Chinas Kampf gegen das Virus, der offizielle Bericht ist voll des Lobes.[24] Bruce Aylward, der Delegationsleiter, lässt sich gar zu dem Satz hinreißen, er „möchte selbst in China behandelt werden", sollte er an COVID-19 erkranken. Kritiker sehen darin ein weiteres Indiz für die allzu große China-Freundlichkeit der Weltgesundheitsorganisation. Deren Chef, der Äthiopier Tedros Adhanom Ghebreyesus, hat nicht den besten Track-Record. Als Gesundheitsminister seines Landes soll er drei Cholera-Epidemien vertuscht haben. Im Rennen um den WHO-Chefsessel setzte er sich als Vertreter einer Gruppe von Ländern des globalen Südens, die von China gestützt wurde, gegen zwei Herausforderer durch. Nun, so der Vorwurf, müsse er sich bei seinem Förderer in Beijing revanchieren, auch, um in zwei Jahren in seinem Amt bestätigt zu werden. Tatsächlich übernahm die WHO lange unhinterfragt Chinas Darstellung des Infektionsgeschehens und rügte etwa die USA, als diese am 31. Jänner ein Einreise- und Flugverbot für China erließen. Trotzdem gilt es zu bedenken, dass allzu harsche Kritik an Beijing dem WHO-Chef zwar seine fünf Minuten an Ruhm beschert, die weitere Zusammenarbeit mit China aber erschwert hätten.

## Wien schickt Schutzausrüstung nach Wuhan

Februar
22
Wien

Wie wenig von der Gefahr einer Corona-Ausbreitung in Österreich in den Köpfen der Entscheidungsträger erst angekommen ist, beweisen ein Foto und eine damit verbundene Nachricht. Zu sehen sind Innenminister Karl Nehammer und Rotkreuz-Präsident Gerald Schöpfer. Hinter ihnen türmen sich Kartons, in denen Gesichtsmasken, Handschuhe, Desinfektionsmittel und Schutzbrillen verpackt sind. Es ist Material, das bereits in drei Wochen absolute Mangelware im Land sein wird, und im Falle der Masken bald „wertvoller als Gold", wie es heißen wird – heute aber gehen 27 Tonnen dieses Materials vom Flughafen Schwechat direkt nach Wuhan. Es sind österreichische Hilfsgüter, und sie stellen den Großteil eines europäischen Solidaritätstransports nach China.

## Quarantäne in Italien, Nervosität am Brenner

Februar
23
Italien

Der Personenverkehr der Bahn über den Brenner wird für einige Stunden eingestellt, weil zwei deutsche Fahrgäste im Eurocity 86 von Venedig nach München grippeähnliche Symptome aufweisen.

Ihr Test fällt negativ aus, die Nervosität steigt dennoch. Italien meldet drei Tote, schließt Ämter und Schulen und stellt elf Gemeinden unter Quarantäne.

## Anschober „gegen Grenzschließungen", Corona erreicht Österreich

Februar
25
Österreich

Im Norden Italiens hat sich die Lage in den vergangenen Tagen zugespitzt. Das Land zählt nun offiziell 320 Infizierte und zehn Tote. Der Karneval in Venedig wurde abgesagt, Orte in der Lombardei unter Quarantäne gestellt. Ein Champions-League-Spiel am 19. Februar zwischen Bergamo und Valencia vor 45.000 Zuschauern in Mailand wird später als „biologische Bombe" bezeichnet. Gesundheitsminister Anschober fliegt nach Rom, um dort seine Amtskollegen aus Italien, Frankreich, Deutschland, Slowenien, Kroatien und der Schweiz zu treffen. Eine Grenzschließung ist für Anschober „ausgeschlossen, weil diese Maßnahme nicht angebracht wäre". Der italienische Regierungsberater Walter Ricciardi wird sich erinnern, dass die Teilnehmer des Treffens, mit Ausnahme von Deutschland und Frankreich, Italien für das Problem hielten – und nicht das Virus. Eine fahrlässige Fehlannahme. Als Anschober am Abend dieses Faschingsdienstags zu Gast in der ZIB 2 ist, wird bekannt, dass in Innsbruck gerade das „Hotel Europa" abgeriegelt wird, nachdem dort eine Rezeptionistin positiv auf COVID-19 getestet wurde. Die 24-jährige Studentin aus der Lombardei hat dort nebenbei gejobbt, auch ihr Freund ist infiziert. Österreich hat damit seinen offiziell ersten Corona-Fall, wenngleich das Virus längst auch in den Skigebieten Tirols wüten dürfte. „Es war zu befürchten, dass es auch in Österreich zu Infektionsfällen kommen würde", sagt Anschober in der ZIB 2, „man kann aber keinen Glassturz über Österreich errichten."

8 bestätigte Fälle in Österreich
0 Todesfälle

## Niemand hilft Italien; in Ischgl greift das Virus um sich

Februar
28
Tirol

Wie weit Worte und Wirklichkeit auseinanderliegen, wird klar, als Italien an diesem Tag einen Hilferuf absetzt. Dem Land fehlen schon jetzt Masken und Schutzausrüstung, und es wendet sich an den Zivilschutzmechanismus der EU. Dieser wurde seit seiner Einrichtung im Jahr 2001 mehr als 330-mal aktiviert, damit sich die Mitgliedstaaten, etwa bei großen Waldbränden oder Naturkatastrophen, gegenseitig unterstützen können. Trotz der erst zwei Wochen zurückliegenden Solidaritätsbekundungen reagiert nun aber kein einziges EU-Land auf Italiens Hilferuf. Das gab es in der Geschichte des Zivilschutzmechanismus zuvor erst einmal. Rom fühlt sich im Stich gelassen, was von Staaten wie China, Russland oder selbst Kuba, die allesamt Hilfsgüter oder auch Ärzte schicken, weidlich genützt werden wird. Für die EU-Kommission ist es der Moment der Wahrheit: „Damit war klar, dass nicht nur Italien unzureichend vorbereitet ist, sondern es die anderen EU-Staaten ebenso wenig sind", sagt Krisenkommissar Lenarčič. Im Unterschied etwa zu den USA, wo die Zentralregierung über strategische Reserven von Medizingütern verfügt, mit denen sie einzelnen Bundesstaaten in der Corona-Krise aushelfen können, hat die EU-Kommission nichts dergleichen. „Wir sind nur die Vermittler zwischen den Mitgliedstaaten gewesen", sagt Lenarčič. Jetzt stellt sich heraus, dass die optimistischen Angaben, die von dort kamen, Luftschlössern gleichen und alle über zu wenig Masken, Schutzausrüstung für medizinisches Personal und zum Teil auch Beatmungsgeräte verfügen. Einigen EU-Staaten ist es bis zu diesem Zeitpunkt nicht einmal gelungen, sich einen Überblick über die eigenen Bestände zu verschaffen. Die Kommission beginnt nun viel zu spät damit, was zuvor von den Mitgliedstaaten als unnötig abgetan wurde: Sie versucht auf einem völlig außer Kontrolle geratenen Weltmarkt, der vom Hersteller China dominiert wird, Schutzmaterial aufzukaufen – zu Preisen und mit Lieferfristen, die noch Wochen zuvor keiner für möglich gehalten hätte.

Zugleich beginnt sich in Österreichs Alpen das Coronavirus einzunisten. In Gerlos, kurz nach dem Grenzpass zwischen Pinzgau und Zillertal, wird ein erster Verdachtsfall gemeldet. Er kommt vom Gaspingerhof, dem Hotel des Seilbahn-Funktionärs und VP-Nationalratsabgeordneten Franz Hörl, dem Einfluss, Seilschaften und eine unbekümmerte Direktheit nachgesagt werden. Einer seiner Hotelgäste, eine Urlauberin aus Deutschland, fürchtet, sich bei ihrem bereits positiv getesteten Neffen mit COVID-19 infiziert zu haben. Sie geht zum Dorfarzt. Der reagiert schnell, lässt Ordination und Liftstation schließen und macht Meldung an die Behörde. Telefonisch wird abgeklärt, ob eine Infektion möglich war. Die Amtsärztin lässt die Sperre nach wenigen Minuten aufheben, ein Test, der zu diesem Zeitpunkt nach 24 Stunden ein Ergebnis liefert, wird nicht angeordnet.

Zeitgleich startet Ischgl in eine weitere Partynacht.

Restaurant
Restaurant · Ap

Bar Aprés Ski
ki · Bar
Tiefgarage
Piz Buin

# 2

# Das Ministerium braucht zwei Bypässe

*Während in Wien einige besorgte Mediziner versuchen, das Risikobewusstsein zu erhöhen, sorgt man sich in Tirol um die Rettung der Wintersaison: Die Party geht weiter. Der Gesundheitsminister bekommt einen Beraterstab, sein Haus einen eigenen Krisenstab. Es ist ein doppelter Bypass, der notwendig wurde, weil der Oberste Sanitätsrat (OSR) erstmals seit Maria Theresias Zeiten nicht besetzt ist und die jüngsten Strukturreformen das Gesundheitsministerium de facto funktionsuntüchtig gemacht haben.*

Während auf europäischer Ebene das ECDC und die beiden zuständigen Kommissare für Gesundheit und Katastrophenschutz damit zu kämpfen haben, dass sich die nationalen Gesundheitsbehörden und die zuständigen Minister nicht wirklich mit dem Thema SARS-CoV-2 und COVID-19 beschäftigen, verfolgt in Wien ein hochrangiger Wissenschaftsmanager die internationalen Ereignisse mit großer Aufmerksamkeit.

Markus Müller, seit 2015 Rektor der Wiener Medizinuniversität, tut das zunächst vor allem aus persönlichem Interesse am Thema Infektionskrankheiten und Pandemien. Er hat als klinischer Pharmakologe unter anderem an der Entwicklung eines Ebola-Impfstoffs mitgewirkt. Die Kommunikation mit den Kollegen, zu denen er seit dieser Zeit Kontakt hat, beunruhigt ihn immer mehr. Ein neuartiges Virus, das von Mensch zu Mensch übertragen wird und dessen Genom offensichtlich zu 80 Prozent mit jenem des SARS-1-Erregers identisch ist: Das hat Potenzial, denkt er.

Müller weiß auch, dass das österreichische Gesundheitsministerium zu diesem Zeitpunkt nicht ideal für eine mögliche Pandemie aufgestellt ist: Es gibt seit der Abschaffung der Generaldirektion für die Öffentliche Gesundheit keine zentrale Stelle mehr, an der im Fall des Falles Entscheidungen getroffen werden könnten, bei der von der Beschaffung von Material bis zur Kommunikation alle Fäden zusammenlaufen. Und auch der Oberste Sanitätsrat (OSR), bei dem sich seit Maria Theresias Zeiten die Gesundheitsminister mit Expertisen versorgen können, ist erstmals unbesetzt.

Vorsitzender dieses Gremiums ist Müller selbst. Die Übergangsregierung unter Brigitte Bierlein hatte nicht für eine Nachbesetzung für das Gremium, dessen Amtszeit mit dem 31. Dezember 2019 endete, gesorgt. Nach einigen Nachfragen bei der zuständigen Sekretärin im Ministerium fragt Müller in der zweiten Jännerhälfte um einen Termin beim Minister an, er wolle mit ihm reden, „weil es da so ein Virus gibt". Aber der neue Minister muss zunächst einmal mit seinem neuen Amt vertraut werden, es wird noch einen Monat dauern, bis es zum ersten persönlichen Gespräch kommt.

## „Man muss etwas tun"

Jänner
27
Wien

In der Zwischenzeit findet Müller im ärztlichen Direktor des Wiener Krankenanstaltenverbandes (KAV), Michael Binder, einen Gleichgesinnten, dem die Entspanntheit, mit der praktisch alle europäischen Staaten das Corona-Geschehen verfolgen, ebenfalls nicht ganz geheuer ist. Am 27. Jänner verständigen sich die beiden Mediziner telefonisch darauf, dass man etwas tun, sich die Sache zumindest genauer ansehen müsse. Gemeinsam verfolgt man das Geschehen, tauscht sich aus, wird zunehmend besorgt, als sich abzeichnet, dass es wohl nicht möglich sein wird, das neue Virus in Asien so einzudämmen, wie das bei SARS 1 gelungen war. Müllers Leitfigur ist der amerikanische Immunologe Anthony Fauci, der im Verlauf der Corona-Krise als Berater und Antipode des amerikanischen Präsidenten Donald Trump zu weltweiter Bekanntheit auch über sein Fachgebiet hinaus gelangen sollte. Faucis zunehmende Besorgnis, die sich bald zu der Überzeugung verdichtet, dass man mit einer weltweiten Verbreitung des neuen Erregers, einer Pandemie also, rechnen müsse, überträgt sich auf den Rektor der Wiener Medizinuniversität.

## Wien wird mobilisiert

Februar
23
Wien

Fast einen Monat später haben Müller und Binder den Eindruck, dass man nun endgültig vom Beobachten ins Tun kommen müsse. Der Rektor der Medizinuniversität ruft am 21. Februar seinen Namensvetter, den stellvertretenden Magistratsdirektor Wolfgang Müller, an. Müller leitet den Anfang Februar gemäß Pandemieplan zusammengetretenen medizinischen Krisenstab der Stadt Wien. Man einigt sich auf ein sonntägliches Treffen am 23. Februar, zu dem Markus Müller auch den bekannten Infektiologen Wolfgang Graninger mitbringt. Vertreten sind außerdem der Wiener Krankenanstaltenverbund und die stellvertretende Landessanitätsdirektorin Ursula Karnthaler, ärztliche Leiterin des Wiener Krisenstabs.

In den wesentlichen Fragen, die während der kommenden Wochen das Pandemie-Geschehen dominieren werden, werden bereits an diesem Sonntag die Weichen gestellt. Entscheidend, darüber sind sich die Anwesenden einig, wird es sein, die Spitäler zu schützen, damit sie nicht, wie etwa in der Lombardei, zu Ansteckungszentren werden. Also: „Home Containment". Zudem müsse man sich rasch um die nötigen Schutzausrüstungen und um eine ausreichende Zahl an Schutzmasken kümmern, um den Betrieb in Arztpraxen und Krankenhäusern zu sichern. Vor allem aber: „Testen, testen, testen."

Man einigt sich auch darauf, die vorhandenen Pneumonie-Fälle auf mögliche COVID-19-Infektionen zu überprüfen, um eventuell frühere Ansteckungsfälle nachvollziehen zu können. Tatsächlich stößt man dabei in der Rudolfstiftung auf den 72-jährigen Anwalt, dessen Geschichte großen medialen Niederschlag findet.

Markus Müller sieht rückblickend zwei entscheidende Gutpunkte in der österreichischen, vor allem in der Wiener Reaktion auf die Corona-Pandemie: dass man, bei allen Problemen, die man damit hatte, die Hotline 1450 kreierte, bei der Menschen mit Symptomen anriefen, statt sich in Arztpraxen oder Krankenhäuser zu begeben, und dass man die ohnehin im europäischen Vergleich großen Kapazitäten an Spitals- und Intensivbetten schnell für hospitalisierungspflichtige COVID-19-Patienten reservierte. Das habe zwar zu Einschränkungen in der Regelversorgung und wohl auch zu Kollateralschäden geführt, sei aber für die Erreichung des primären Ziels, nämlich die Verhinderung einer Überforderung der Intensivkapazitäten, von großer Bedeutung gewesen.

Nach dem sonntäglichen Treffen mit den Wienern ist der Rektor der Medizin-Universität einigermaßen beruhigt. Die Stadt Wien, der Krankenanstaltenverbund und das AKH, sein Universitätsspital, scheinen ausreichend vorbereitet, um das zu verhindern, was in Norditalien einen wesentlichen Beitrag zur katastrophalen Situation geleistet hat. Dass es eine gesteigerte Sensibilität für ein möglicherweise heraufziehendes Corona-Unglück auch in Österreich gibt, bemerken er und die Spitalsverantwortlichen nicht zuletzt daran, dass es zu einem größeren Schwund an Desinfektionsmitteln und Schutzausrüstung, vor allem Masken, kommt. Die Angestellten des Hauses scheinen sich individuell vorzubereiten und dafür die Ressourcen zu nutzen, die sie an ihrem Arbeitsplatz vorfinden.

Ein Telefonat, das er am Abend dieses Sonntags mit seiner ehemaligen Rektoren-Kollegin von der Kunstuniversität, Eva Blimlinger, führt, die inzwischen für die Grünen im Nationalrat sitzt, nutzt Markus Müller, um noch einmal Kontakt mit dem Ministerium aufzunehmen. Blimlinger gibt seinen Gesprächswunsch an das Kabinett von Rudolf Anschober weiter, und er erhält einen Anruf von der Chefin der Präsidialsektion, Brigitte Zarfl. Zarfl, die im Übergangskabinett von Bundeskanzlerin Brigitte Bierlein als Gesundheitsministerin gedient hatte, bat Müller, sich Gedanken darüber zu machen, wie man während der kommenden Wochen den Minister am besten beraten könnte, und um personelle Vorschläge für die Besetzung eines entsprechenden Gremiums.

## Ischgl wird zum Hotspot

Februar
25
Wien

Als die ersten COVID-19-Fälle in Österreich bekannt werden, eine Studentin und ihr Freund aus der Lombardei, wird das Hotel Europa, in dem die Frau als Rezeptionistin gearbeitet hat, behördlich geschlossen. Von jetzt an spielt sich das COVID-19-Geschehen zwischen Tirol und Wien ab: Im Zentrum des Wintertourismus versucht man, möglichst lange den Betrieb aufrechtzuerhalten, in Wien beginnt man mit Vorbereitungen für den Fall des Falles. Anfang März wird sich die Tirol-Berichterstattung auf den Barkeeper des Après-Ski-Lokals „Kitzloch" konzentrieren, aber schon wenige Tage nach Bekanntwerden des ersten Falles in Innsbruck spielt Ischgl, das zum Symbol für den fahrlässigen Umgang mit der Pandemie werden sollte, eine Rolle: Norweger, die in Innsbruck studieren, machen am letzten Ferientag einen Tagesausflug nach Ischgl. Sie verabreden sich im „Kitzloch" mit drei Landsleuten. Einer dieser Ischgl-Urlauber ist schon krank und wird, nachdem die drei nach Norwegen zurückgekehrt sind, positiv getestet. Die Studenten kehren nach Innsbruck zurück und besuchen die Universität, sie fühlen sich unwohl und lassen sich ebenfalls testen. Das positive Ergebnis wird am 6. März von der Uniklinik Innsbruck übermittelt. In der öffentlichen Darstellung werden sie nicht mit Ischgl in Verbindung gebracht, haben sich aber mit großer Wahrscheinlichkeit dort angesteckt.

## Taskforce und Beraterstab werden vorgestellt

Februar
28
Wien

Rektor Müller tut, wie ihm geheißen, er macht personelle Vorschläge für ein Beratergremium, und am 28. Februar wird im Rahmen einer Pressekonferenz mit dem Gesundheits- und dem Innenminister der Beraterstab für eine inzwischen im Ministerium gebildete, aus den wichtigsten Beamten des Hauses bestehende Corona-

Taskforce vorgestellt. Noch am selben Tag findet die erste Sitzung des Gremiums statt, man versucht, sich eine Art Geschäftsordnung zu geben und sich darauf zu einigen, worin die Aufgabe des Beraterstabs eigentlich besteht. Schnell ist klar, dass es sich um ein reines Beratungsorgan handelt, das Handlungsalternativen diskutiert und Vorschläge ausarbeitet, die allesamt unverbindlich sind.

Irgendwann in dieser ersten Sitzung, erzählt Rektor Müller später, habe er den Vorschlag gemacht, dass doch bitte jemand mitschreiben und eine Art Protokoll anfertigen möge, eine Aufgabe, die von einer Mitarbeiterin des Kabinetts übernommen wurde. Die ersten vier Sitzungen fanden „live" statt, aber der fünften tagte man per Videokonferenz. Die Protokolle der ersten vier, die später an die Öffentlichkeit gelangten und für hitzige Debatten sorgten, wurden an die Mitglieder versandt, danach keines mehr.

### Taskforce und Beraterstab: Bypass Nummer 1

Dass man Markus Müller um die Nominierung der ersten Mitglieder des Beraterstabes für die Taskforce des Ministeriums bat, war nur folgerichtig: Müller war, von 2018 an bis zum Auslaufen der Funktionsperiode, Präsident jenes Gremiums gewesen, das seit Maria Theresias Zeiten als Beraterstab des Gesundheitsministers fungiert hatte, des Obersten Sanitätsrates (OSR). Fachleute aus allen medizinischen Disziplinen, von der Intensivmedizin bis zur Pädiatrie, waren darin versammelt, es handelte sich mit an die 40 Mitglieder um ein relativ großes, rein beratendes Gremium.

Allerdings war das Mandat des OSR Ende 2019 ausgelaufen. Müller hatte im Dezember 2019 Brigitte Zarfl, Gesundheitsministerin der Expertenregierung, kontaktiert und gefragt, wie das weitergehen solle. Er bekam zur Antwort, dass die Expertenregierung das Gremium, wie viele andere vakante Positionen auch, nicht mehr besetzen wolle, weil im Jänner die neue Regierung ins Amt komme. Also bekamen alle OSR-Mitglieder einen Dankesbrief, und das Mandat lief am 31. Dezember 2019 aus. „Es ist eine Ironie der Geschichte", sagt Müller später in einem Interview, „dass dieses Gremiums, das wahrscheinlich seit Maria Theresia durchgehend besetzt war, das auch eine Art Anlaufstelle hätte sein können, just in diesem Moment – letztlich auf Ibiza zurückzuführen – nicht besetzt war."

Pech oder Mangel an Verantwortungsbewusstsein seitens der Übergangsregierung? Im Jänner, als die neue Regierung im Amt und Rudolf Anschober Gesundheitsminister war, meldete sich Müller erneut bei jener Sekretärin, die im Ministerium für den OSR zuständig ist, um zu fragen, wie es denn jetzt sei, ob sie etwas über die weitere Vorgangsweise gehört habe. Die Antwort: Minister Anschober sei jetzt im Amt, er müsse sich einmal einfinden, man würde sich später rühren. „Ja", habe Müller geantwortet, „es wäre schön, wenn man voneinander hören würde, weil es gibt da ein Virus, das möglicherweise Thema werden könnte."

Der Beraterstab, um dessen personelle Besetzung man Müller dann Ende Februar bat, ist also so etwas wie ein Bypass für den gerade nicht existierenden Obersten Sanitätsrat. Mit allen Nachteilen eines spontan zusammengesetzten Gremiums. Der OSR war zwar groß, Müller hatte aber in seiner Zeit als Präsident dafür gesorgt, dass man in kleineren Teams an konkreten Fragestellungen arbeitete. Man kannte sich. Spontan zusammengewürfelte Beratergremien müssen sich erst einmal finden, im besten Fall kennen sich die Mitglieder zumindest teilweise, vertrauen den anderen, arbeiten mit- und nicht gegeneinander.

Trotz des – freiwilligen und unentgeltlichen – Engagements ist die Tätigkeit in solchen Gremien für die Mitglieder nicht immer einfach. Eine Person aus dem Beraterstab beschreibt die Arbeit dort als nicht unproblematische Einbahnstraße: „Wir Experten gaben hinein, wir haben selbst aber nie Unterstützung bekommen. Weder die Protokolle noch Zahlen. Es war nicht so, dass man irgendetwas rausbekommen hat aus dem Ministerium. Es gab auch keine klare Governance und keine klare Struktur. Das hat die Beratung manchmal schwer gemacht."

Es wird sich im Verlauf der Krise noch an mehreren Stellen zeigen, wie schlecht das Gesundheitsministerium nach den politisch motivierten Organisationsänderungen während der Zeit der ÖVP-FPÖ-Regierung für ein außergewöhnliches Ereignis wie eine Pandemie aufgestellt war. Aber zum gegebenen Zeitpunkt und unter den gegebenen Bedingungen war die Kombination aus einer internen Taskforce und einem externen Beraterstab wohl das, was man tun konnte. Die handelnden Personen in dieser Konstellation waren:

**Taskforce**

- Rudolf Anschober (Minister)
- Bernhard Benka (Abteilungsleiter Seuchenbekämpfung)
- Brigitte Zarfl (Sektionschefin Präsidiale)
- Meinhild Hausreither (Gruppenleiterin öffentliche Gesundheit)
- Silvia Türk (Sektionschefin Gesundheitssystem)
- Manfred Ditto (Abteilungsleiter Strahlenschutz)
- Ruperta Lichtenecker (Kabinettschefin von Anschober)
- Andreas Weinseiss (Mitarbeiter Kabinett Anschober)
- Brigitte Piso (Mitarbeiterin Kabinett Anschober)
- Margit Draxl (Pressesprecherin Minister Anschober)

**Beraterstab**

- Franz Allerberger (AGES Bereich öffentliche Gesundheit)
- Michael Binder (Ärztlicher Direktor KAV Wien)
- Heinz Burgmann (Abteilungsleiter Infektionen und Tropenmedizin, Meduni Wien)
- Christiane Druml (Vorsitzende der Bioethikkommission)
- Gerry Foitik (Bundesrettungskommandant Rotes Kreuz)
- Karoline Kandel (Krankenhaushygienikerin im Kaiser-Franz-Josef-Spital)
- Herwig Kollaritsch (Facharzt für Hygiene)
- Markus Müller (Rektor der Meduni Wien)
- Ulrike Mursch-Edlmayr (Präsidentin Apothekerkammer)
- Herwig Ostermann (Geschäftsführer der Gesundheit Österreich GmbH)
- Niki Popper (Simulationsexperte Technische Universität Wien)
- Elisabeth Puchhammer (Virologin)
- Susanne Rabady (Allgemeinmedizinerin Karl-Landsteiner-Privatuniversität)
- Martin Sprenger (Experte für Public Health, Meduni Graz)
- Ivo Steinmetz (Vorstand Institut für Hygiene, Meduni Graz)
- Thomas Szekeres (Präsident Ärztekammer)
- Florian Thalhammer (Präsident der Gesellschaft für Infektiologie)
- Leonhard Thun-Hohenstein (Primar Kinder- und Jugendpsychiatrie, Uniklinikum Salzburg)
- Günter Weiss (Internist, Meduni Innsbruck)

Die Gruppe bestand also fast ausschließlich aus Medizinern. Vergleichbare ökonomische und juristische Expertise fehlte. Der

Public-Health-Experte Martin Sprenger von der Medizinischen Universität Graz schied Anfang April aus der Gruppe aus. Auf eigenen Wunsch hin, wie er selbst sagt. Zuvor hatte er sich wiederholt kritisch über Dauer und Details der harten Regierungsmaßnahmen geäußert, vor allem darüber, dass man Ende März, als klar wurde, dass man das Ziel, eine Überforderung der Intensivkapazitäten zu verhindern, erreicht hatte, nicht in Richtung Lockerung, sondern in Richtung Verschärfung der Maßnahmen und vor allem der Kommunikation ging. Aber dazu später mehr.

## Island an Ischgl

März
4
Tirol

Ischgl wird erstmals dezidiert von den isländischen Behörden als Infektionsherd genannt. Zu diesem Zeitpunkt befinden sich 380 Isländer in Heimisolation. Islands Chef-Epidemiologe Thorolfur Gudnason informiert die österreichische Gesundheitsbehörde über die Infektionen. Am selben Tag wendet sich der Tiroler Landeshauptmann Günther Platter in einer Presseaussendung[25] an die Tiroler Gemeinden: Es gebe keine pauschalen Veranstaltungsabsagen, aber erste Einschränkungen. Platter betont, dass die Lage in Tirol unter Kontrolle sei, und Christine Salcher, die Leiterin der Abteilung Gemeinden im Amt der Tiroler Landesregierung, ergänzt: „Die Verantwortung für die Abhaltung von Veranstaltungen liegt grundsätzlich bei den Veranstalterinnen und Veranstaltern selbst.“[26] Ein sprechendes Dokument des österreichischen Föderalismus, den erfahrene Beobachter wie der Rektor der Wiener Medizinuniversität im Pandemiegeschehen neben dem dysfunktionalen Zustand des zuständigen Ministeriums als wesentliche

Problemquelle identifizierten. Müllers Einschätzung der Situation: „Keine Generaldirektorin für Öffentliche Gesundheit, kein Oberster Sanitätsrat, Fragmentierung im Rahmen des Föderalismus und eine neue Regierung: Das war die Aufstellung Anfang 2020."

Dass er ein nur begrenzt funktionsfähiges Haus übernommen hatte, muss auch Rudolf Anschober spätestens mit Beginn der Corona-Krise klar geworden sein. Am 4. März installiert er, von der Öffentlichkeit weitgehend unbemerkt, einen eigenen Krisenstab im Ministerium. Der Wortlaut des Erlasses lässt tief blicken:

„Aufgrund der aktuellen Situation setze ich vorübergehend einen ‚Krisenstab SARS-CoV-2/Covit' ein, der mich bei der Eindämmung und Bekämpfung der Ausbreitung des neuartigen Virus beraten und unterstützen soll. Die Leitung dieses Krisenstabes übertrage ich der stv. Sektionsleiterin Frau Gruppenleiterin DDr. Meinhild Hausreither. Im Übrigen darf auf das beiliegende Strukturdiagramm des Krisenstabes verwiesen werden. Die MitarbeiterInnen des Krisenstabs sind hinsichtlich der Aufgaben im Rahmen der Bewältigung des Sachverhaltes Corona nicht an die Weisungen ihrer derzeitigen Vorgesetzten gebunden. Zu ihrer Unterstützung können sie auch weitere MitarbeiterInnen und ExpertInnen heranziehen. Die MitarbeiterInnen des Krisenstabs bleiben organisatorisch in ihren bisherigen Organisationseinheiten. Der Tätigkeit für den Krisenstab und den aus der Bewältigung der Corona-CoViD Krise resultierenden Aufgaben ist Vorrang vor allen anderen Tätigkeiten einzuräumen."[27]

Abgesehen davon, dass man zu diesem Zeitpunkt noch nicht an allen Stellen des Ministeriums mit der Bezeichnung der durch SARS-CoV-2 hervorgerufenen Krankheit vertraut zu sein scheint und sie „Covit" statt COVID (coronavirus desease) nennt, wird klar:

In der Struktur, die dem Haus durch Anschobers Vor-Vorgängerin Beate Hartinger-Klein (FPÖ) verpasst worden war, ist die sich abzeichnende Krise nicht zu bewältigen. Der Krisenstab ist nichts anderes als ein Bypass für das Herz des österreichischen Gesundheitswesens. Zeitweise werden mehr als hundert Beamte des Hauses diesem Krisenstab zugeordnet sein, der die durch recht willkürliche Strukturänderungen verlorengegangene Funktionsfähigkeit des Hauses wiederherstellen soll. Neben der interimistischen Leiterin der derzeit vakanten Sektion „Öffentliche Gesundheit", Meinhild Hausreither, werden zwei weitere Personen in die Leitung des Krisenstabes eingebunden, um eine Art durchgängigen Schichtdienst zu gewährleisten: Ulrich Herzog, Gruppenleiter für Verbraucherschutz und Veterinärwesen im Ministerium, und Florian Pressl, der kurz zuvor seine Tätigkeit bei der Vinzenz-Gruppe beendet und seinerzeit gemeinsam mit Hausreither im Kabinett der ÖVP-Ministerin Maria Rauch-Kallat gearbeitet hatte.

## Der Kristenstab im Ministerium: Bypass Nummer 2

Mit der Bildung der ÖVP-FPÖ-Koalition zum Jahreswechsel 2017/2018 übernahm die ehemalige Sozialversicherungs-Managerin Beate Hartinger-Klein das Gesundheitsministerium. Bald nahm sie eine Strukturreform in Angriff, die nach Einschätzung mehrerer direkt Beteiligter im Wesentlichen zwei Ziele hatte: zu verhindern, dass ihre Vorgängerin in der Regierung Kern, Pamela Rendi-Wagner, ihr Rückkehrrecht ins Amt einer Sektionschefin und Generaldirektorin für die öffentliche Gesundheit („Chief Medical Officer") in Anspruch nehmen könne, und den mächtigsten Beamten des Hauses, Sektionschef Clemens Matin Auer zu entmachten.

Rendi-Wagner, Tropenmedizinerin und Public-Health-Expertin, hatte die Sektion „Öffentliches Gesundheitswesen und medizinische Angelegenheiten“ von 2011 bis zu ihrer Berufung ins Ministeramt geleitet. Bei ihr liefen als „Chief Medical Officer“ all jene Fäden zusammen, deren Funktionstüchtigkeit in Ausnahmesituationen wie etwa einem pandemischen Geschehen von Bedeutung ist, von der Maßnahmensteuerung bis zur Kommunikation.

Auer wiederum war Leiter der politischen Abteilung der ÖVP gewesen, ehe er 2004 Kabinettschef der ÖVP-Gesundheitsministerin Maria-Rauch Kallat wurde. 2005 wechselte er in die Struktur des Ministeriums und leitete bis zur Strukturreform Hartinger-Kleins im Jahr 2018 die Sektion „Gesundheitssystem und zentrale Koordination“. Alle wichtigen Reformvorhaben des Hauses, zuletzt das Primärversorgungsgesetz 2017, trugen Auers Handschrift, an ihm kam im österreichischen Gesundheitswesen niemand vorbei.

Sektionschefs sind die Säulen der österreichischen Ministerialbürokratie, ein berühmtes Bonmot lautet: „Wer unter ihm Minister ist, kümmert einen Sektionschef wenig.“ Dementsprechend schwierig ist es, einen Sektionschef loszuwerden. Das Mittel der Wahl sind Strukturreformen: Wenn der Aufbau einer Sektion so geändert wird, dass sich mehr als 50 Prozent der Kästchen im Organigramm ändern, hat der Minister die Möglichkeit, die Leitung der Sektion neu auszuschreiben und damit einen Sektionschef seiner Wahl zu berufen.

Genau das tat Beate Hartinger-Klein. Nach der Reform gab es zwei Sektionen wie zuvor, sie hießen auch gleich, aber man hatte die dazugehörigen Abteilungen so durcheinandergewürfelt, dass auf jeder Seite mehr als die Hälfte neu war. Gerhard Aigner übernahm Rendi-Wagners Sektion (seit seiner Pensionierung, die dem

Vernehmen nach auch etwas mit Frustration zu tun hatte, ist der Posten unbesetzt), Silvia Türk die von Auer.

Für Letzteren wurde, auch das ist eine Spezialität der österreichischen Bürokratie, die Position eines „Sonderbeauftragten für Gesundheit" geschaffen. Als solcher agierte er in der Folge vor allem international: Er wurde vom europäischen Regionalkomitee in den Exekutivrat der WHO entsandt und bewarb sich um den Posten des europäischen Regionaldirektors der Organisation. Das Jahr 2019 verbrachte er mit dem dazugehörigen Wahlkampf, nach dessen erfolglosem Ende kehrte er – inzwischen war die Expertenregierung unter Brigitte Bierlein im Amt – ins Ministerium zurück. Rudolf Anschober bat ihn zu bleiben, während der Corona-Krise war man offensichtlich froh, jemanden zu haben, der das Haus lange und gut kennt. Auer vertritt das Gesundheitsministerium im SKKM-Krisenstab (Staatliches Krisen- und Katastrophenmanagement) im Innenministerium und kommuniziert auch mit dem Krisenstab im Gesundheitsministerium.

Aus heutiger Sicht ist wohl besonders interessant, was Clemens Martin Auer im Jahr 2018 zu Beate Hartinger-Klein sagte, als diese ihn mit der Entscheidung konfrontierte, das Haus umzuorganisieren und ihn abzulösen: „Ich wünsche dir nicht, dass irgendwo eine Pandemie ausbricht, denn dafür sind wir nicht aufgestellt, so wie du das jetzt machst." Kein Wunder also, dass das Bundeskanzleramt mit seinem eingespielten Kabinett in der Corona-Schlacht das Kommando übernahm. Auer hält das Krisenmanagement vor allem während der ersten Lockdown-Phase für geglückt, räumt aber ein: „Unserer Begründungspflicht für die harten Maßnahmen, also der Beantwortung der Frage nach dem epidemiologischen Warum, sind wir nicht in ausreichendem Maß nachgekommen."

## Ischgl wird zum Risikogebiet

März
5
Tirol

29 bestätigte Fälle in Österreich
0 Todesfälle

Islands Zivilschutz setzt den Skiort Ischgl offiziell auf die Liste der COVID-19-Risikogebiete und damit auf eine Stufe mit dem Iran und der chinesischen Provinz Wuhan, in der das Coronavirus zum ersten Mal auftauchte. Rückkehrer müssen sich bei den Behörden melden und in eine 14-tägige Heimquarantäne. Der Grund: Mitglieder einer 14-köpfigen Reisegruppe aus Ischgl wurden positiv getestet.

Spätestens ab jetzt gehen die Darstellungen seitens der Tiroler Behörden, des Gesundheitsministeriums in Wien und späterer Recherchen vor allem des Nachrichtenmagazins *Profil* ziemlich auseinander.

Das Land Tirol kalmiert und behauptet, dass die Ansteckung der Isländer wohl im Flugzeug von München nach Reykjavík passiert seien. Dabei war das Land Tirol laut *Profil* zu diesem Zeitpunkt bereits von den isländischen Behörden informiert worden, dass die 14 infizierten Isländer an unterschiedlichen Tagen heimgereist waren, was bedeutete, dass sich jedenfalls nicht alle im selben Flugzeug angesteckt haben konnten.[28] Außerdem hätten mehrere schon während ihres Ischgl-Aufenthalts Symptome gezeigt, einer bereits am 26. Februar.

Außerdem stellte sich laut *Profil* heraus, dass die Österreichische Stabsstelle des Early Warning and Response System (EWRS) in Island nachgefragt hatte, wo die Betroffenen übernachtet und ab wann sie Symptome gezeigt hätten. Die noch am selben Nachmittag eingetroffene Antwort habe detailliert Auskünfte über die Zahl und die Unterkunft der Betroffenen enthalten.

„Am 5.3. wurden den Tiroler Behörden die Hotels der isländischen Reisegruppe mitgeteilt. Die Bezirkshauptmannschaft Landeck als zuständige Gesundheitsbehörde koordiniert die zu diesem Zeitpunkt möglichen Maßnahmen zur Ausforschung aller isländischen Staatsbürger, die sich im fraglichen Zeitraum in Ischgl aufgehalten haben", gibt Minister Anschober später in einer parlamentarischen Anfragebeantwortung Auskunft.[29]

In der offiziellen Darstellung des Landes Tirol liest sich das etwas anders: „Die Tiroler Gesundheitsbehörden wurden vom Krisenstab des Bundes am 5. März informiert, dass es Zusammenhänge zwischen nach ihrer Rückkehr nach Island positiv getesteten IsländerInnen und ihrem vorhergehenden Urlaubsaufenthalt in Ischgl geben könnte. Daraufhin haben die Tiroler Gesundheitsbehörden umgehend um nähere Details zu diesen Fällen ersucht. Da die Daten der an COVID-19 erkrankten isländischen Urlaubsgäste nicht zur Verfügung standen, ordnete die BH Landeck als zuständige Gesundheitsbehörde noch am 5. März an, die persönlichen Daten aller Gäste aus Island, An- und Abreiseart sowie die Dauer des Aufenthaltes in Ischgl ab Mitte Februar zu erheben.

Von 90 Personen aus Island wurden zwei ärztlich behandelt – kein Zusammenhang mit Corona. Über den in Ischgl niedergelassenen Arzt wurde geprüft, ob Personen aus Island mit grippeähnlichen Symptomen behandelt worden waren. Von insgesamt 90 erfassten Personen wurden nur zwei in Ischgl ärztlich behandelt. Beide Personen wurden kontaktiert, in beiden Fällen bestand kein Zusammenhang mit einer COVID-19 Erkrankung. Nachdem die Namen der betroffenen Urlaubsgäste am 6. März (Vormittag) nach wie vor nicht bekannt waren, wurde der ortsansässige Arzt von der zuständigen Gesundheitsbehörde angehalten, zusätzlich bei ausnahmslos allen PatientInnen, bei denen die klinische Symptomatik eines Infektes festgestellt wird, einen Rachenabstrich durchzuführen. Dies aufgrund der Ähnlichkeit der Symptomatik der zu diesem Zeitpunkt noch nicht abgeklungenen Influenzawelle zu einer COVID-19-Infektion."[30]

*Profil* wiederum zitiert aus dem Protokoll der Sitzung des Tiroler Krisenstabs, in dem erstmals von einem positiv getesteten Belgier in Seefeld (Bezirk Innsbruck-Land) die Rede gewesen sei. Der Pressesprecher des Landes hab laut diesem Protokoll vom 5. März zu den Warnungen aus Island und zum Belgier gesagt, es „sollte eher angedacht werden, derzeit nichts zu kommunizieren, sondern erst, wenn man konkrete Anhaltspunkte und Fakten hat".[31] Der damals schon bekannte Fall des Belgiers in Seefeld sei aber nie öffentlich kommuniziert worden. Die Kontaktpersonen des Belgiers, das gehe aus dem Protokoll ebenfalls hervor, seien eher nicht penibel ausgeforscht worden, man habe lediglich das Reinigungspersonal und die Rezeptionisten im Auge gehabt, andere Hotelgäste seien nicht infrage gekommen. Laut Land Tirol wären für das Contact tracing nicht alle „erforderlichen Informationen vorgelegen".

## Der Barkeeper ist positiv

März
7
Tirol

In Innsbruck werden die Untersuchungsergebnisse des Barkeepers aus dem „Kitzloch", eines deutschen Staatsbürgers mit norwegisch klingendem Namen, bekannt: positiv. Die Tiroler Landessanitätsdirektion ermittelt das Umfeld und identifiziert das „Kitzloch" als Ausgangspunkt.

„Aus medizinischer Sicht“, sagt der Tiroler Landessanitätsdirektor Franz Katzgraber tags darauf, sei es „wenig wahrscheinlich, dass es in Tirol zu Ansteckungen gekommen ist.“ Ein folgenschwerer Irrtum, wie sich in Folge herausstellen wird. Inzwischen finden erste Corona-Kontrollen am Brenner statt, Bundeskanzler Sebastian Kurz hofft, dass dadurch die Reisetätigkeit zurückgeht.

Aus der offiziellen Darstellung des Landes Tirol lässt sich eher nicht herauslesen, dass man den Eindruck hat, es könnte Versäumnisse gegeben haben:

„Tiroler Gesundheitsbehörde hat strengere Testmaßstäbe angesetzt als international und von Bund (sic) vorgegeben!

Festzuhalten ist, dass die Tiroler Gesundheitsbehörde mit der oben beschriebenen Vorgangsweise zusätzliche, über die gängigen Vorgaben hinausgehende Maßnahmen angeordnet hat. Eine Testung war nach den damals geltenden Regelungen des Bundes in Fällen, in denen nur grippeähnliche Symptome ohne zusätzliche Risikoindikatoren festgestellt werden (z.B. Aufenthalt in einer Region, in der bereits laufend neue Fälle aufgetreten sind) nicht vorgesehen. In Tirol wurden diese Testungen dennoch durchgeführt und somit der Barkeeper des „Kitzloch“ positiv getestet.“[32]

Gesundheitsminister Anschober wird später in einer parlamentarischen Anfragebeantwortung erklären: „Am 7.3. wird bei einer im Apres Ski Lokal ‚Kitzloch‘ tätigen Person mit grippeähnlichen Symptomen ein Rachenabstrich durchgeführt. Abends wird die Bezirkshauptmannschaft Landeck verständigt, dass das Abstrichergebnis dieser Person positiv ist. Zu diesem Zeitpunkt war dies das erste positive Testergebnis in Ischgl. Noch am selben Abend werden 19 Kontaktpersonen ermittelt und abgesondert.“[33] Die Polizei sperrt an diesem Abend das „Kitzloch“, die Mitarbeiter begeben sich in

Selbstisolation. Außerdem erlässt das Land Tirol einen öffentlichen Aufruf, dass sich alle Personen, die sich vom 15. Februar bis 7. März in dem Lokal befunden haben und Symptome aufweisen, bei der Gesundheitshotline melden und sich testen lassen sollen.

## Das Kitzloch wird zu- und aufgesperrt

März
8
Tirol

Das „Kitzloch" wird desinfiziert, sperrt wieder auf, das Personal wird von anderen Betrieben der Besitzerfamilie Zangerl hinzugezogen. An diesem Tag beginnt auch der Ärztekongress für Sportmedizin in St. Christoph am Arlberg, in der Ski Austria Academy, einem ÖSV-Standort. Am 10. März wird er vorzeitig abgebrochen. Einige Mediziner bleiben weiterhin und nützen die freien Tage zum Skifahren. Später werden einige von ihnen, auf ihre Arbeitsplätze in den Spitälern zurückgekehrt, positiv auf Corona getestet werden.

Nach mehrmaligen Warnungen an die österreichischen Behörden erstattet Norwegen Meldung an den Alarmmechanismus der europäischen Gesundheitsbehörde European Centre for Disease Prevention and Control (ECDC). Diese Warnung erreicht das österreichische Gesundheitsministerium, das die Warnung auch an Tirol weitergeleitet haben will, wie Gesundheitsminister Anschober später in einer parlamentarischen Anfragebeantwortung sagen wird: „Noch am selben Tag fragte das BMSGPK bei Norwegen nach Namen, Hotels und Reisedaten nach. Die EWRS-Meldung Norwegens wurde außerdem vom BMSGPK an die Tiroler Landdessanitätsdirektion frühmorgens am 9.3. weitergeleitet. Auch weitere Rückfragen von Österreich an Norwegen blieben ohne Antwort am 09.03. und 10.03. Am 15.3. übermittelte Norwegen schließlich nähere Beschreibungen zu Reisedaten und Orten.“[34]

Über die Vorgangsweise im „Kitzloch“ wird Gesundheitsminister Anschober in derselben Anfragebeantwortung später Folgendes sagen: „Am 8.3. erfolgt die Kategorisierung der Kontaktpersonen sowie die Desinfektion der Räumlichkeiten. Alle im Servicebereich des Gastlokals tätigen Personen zeigen COVID-19 Symptome, das Küchenpersonal ist symptomfrei. Bei allen Kontaktpersonen wird eine Rachenabstrichnahme durchgeführt. Es wird entschieden, dass bis zum Vorliegen der Testergebnisse alle MitarbeiterInnen einschließlich dem Küchenpersonal abgesondert bleiben. Der Fortsetzung des Barbetriebes ab Sonntagabend mit nicht betroffenen MitarbeiterInnen wird von der regionalen Gesundheitsbehörde zugestimmt.“[35]

## The End

März
9
Tirol

131 bestätigte Fälle in Österreich
0 Todesfälle

Das Land Tirol vermeldet in einer Aussendung: „Kitzloch behördlich gesperrt.“

# 3

# Woche der Entscheidung

*Bundeskanzler Sebastian Kurz übernimmt das Kommando. Nachdem die Lage in Ischgl eskaliert ist, wird am 10. März „der Hebel umgelegt". Schritt für Schritt zeichnet sich eine massive Reaktion ab, die am 13. März in der Ankündigung eines vollständigen Lockdowns ab 16. März gipfelt. Geschwindigkeit und Härte des Vorgehens überraschen auch viele Mitglieder des Beraterstabs. Viele Beobachter hätten nie damit gerechnet, dass sich so etwas in Österreich durchsetzen lässt. Die Bürger gehorchen.*

## „Der Tag, an dem der Hebel umgelegt wurde"

März
9
Wien

131 bestätigte Fälle in Österreich
0 Todesfälle

Die Woche der Entscheidung beginnt an diesem Montag so, wie man es in Österreich aus anderen Krisensituationen kennt: mit Beruhigung der Öffentlichkeit.

Der Krisenstab im Innenministerium, der eigentlich „Staatliches Krisen- und Katastrophenmanagement" (kurz: SKKM) heißt, spielt in der täglichen Berichterstattung zwar schon eine Rolle, vermittelt jedoch selbst den Eindruck, dass vorerst genaues Beobachten der Lage im Ausland ausreiche. Als Sprachrohr des Gremiums, in dem Mitarbeiter aller Ministerien, der Bundesländer und Einsatzorganisationen sowie fallweise auch externe Experten vertreten sind, gibt Detlef Polay Interviews.

Polay ist ein geschulter Krisenkommunikator, er formuliert sachlich, präzise und nennt die Dinge ohne großes Drama beim Namen. Das tut er auch in jener Woche, in der die Bundesregierung binnen kürzester Zeit und zur Überraschung vieler den Lockdown des Landes durchsetzt. Der Austria Presse Agentur (APA), dem noch vor dem ORF faktisch wichtigsten Nachrichtenlieferanten des Landes, sagt er, dass man die Lage in Italien natürlich genau beobachte, aber auch, dass die Situation dort mit jener in Österreich nicht vergleichbar sei. Er erklärt weiter, dass deshalb auch Maßnahmen wie in Italien – dort stehen inzwischen 16 Millionen Menschen unter Quasi-Quarantäne – zumindest „vorerst kein Thema" seien.

Was Polay und die Öffentlichkeit nicht wissen, ist: Der aus externen Experten bestehende Beraterstab der Taskforce Corona im Gesundheitsministerium wird schon am späten Nachmittag desselben Tages im Rahmen seiner dritten Sitzung Entscheidendes diskutieren. Markus Müller, Beraterstab-Mitglied, darüber hinaus unmittelbarer Berater des Kanzlers und Rektor der Meduni Wien, hält dieses Treffen der Gruppe sogar für eine der entscheidenden Wegmarken der Krise: „Das war de facto der Tag, an dem der Hebel umgelegt wurde. Und zwar von nichts tun auf etwas tun." Die Sitzungen sind grundsätzlich vertraulich, doch anhand der von Mitarbeitern des Gesundheitsministeriums angefertigten Protokolle des Treffens kann präzise nachgezeichnet werden, was dort besprochen wurde.[36]

Die Gruppe tritt um 16 Uhr im Gesundheitsministerium zusammen. Neben Gesundheitsminister Rudolf Anschober sind 22 Personen anwesend, per Videokonferenz zugeschaltet ist der Innsbrucker Internist Günter Weiss. Die Runde besteht aus Politikern, Spitzenbeamten, Kabinettsmitarbeitern und externen Experten. Bei diesen Experten handelt es sich fast ausschließlich um Mediziner der unterschiedlichsten Disziplinen. Die einzigen Nichtmediziner sind der Mathematiker Niki Popper und der Bundesrettungskommandant des Roten Kreuzes, Gerry Foitik, ein Wirtschaftswissenschaftler. Ökonomen oder Juristen fehlen in der Runde; obwohl das, was in den nächsten Monaten folgen wird, weit mehr als ein gesundheitliches Problem für die Bevölkerung ist. Es ist ein soziales, vor allem aber ein wirtschaftliches Jahrhundertereignis.

Die Nachrichtenlage ist zu diesem Zeitpunkt widersprüchlich. Während viele noch beruhigen, schickt die APA eine „Alarm"-Meldung an alle Nachrichtenmedien des Landes. Sie trägt den Titel „Erste bestätigte Todesfälle in Deutschland".

Alarmstimmung herrscht auch im Besprechungszimmer. Nachdem Minister Anschober die Runde eröffnet hat, ersucht er die Anwesenden um ihre Einschätzung der Lage. Gleich zu Beginn der knapp zweistündigen Unterredung erhält er von Markus Müller ein Stichwort, das viele beunruhigt: Italien. Müller erklärt, dass die Nachbarn in Italien in den Spitälern bereits keine Plätze mehr für Beatmungspatienten haben, und dass die bisherige Strategie in Österreich, nämlich die einzelnen Infektionsherde aufzuspüren, alle Betroffenen zu identifizieren und zu isolieren („Containment"), anscheinend nicht mehr zufriedenstellend funktioniere. Man müsse darüber nachdenken, Maßnahmen des „Social Distancing" durchzusetzen.

Dem Sitzungsprotokoll ist zu entnehmen, dass gleich mehrere der Anwesenden diese Ansicht teilen, darunter auch der Mathematiker und Simulationsexperte Niki Popper von der Technischen Universität Wien. Schon bald nämlich könne das geplante Maß an Containment im Sinne der bisherigen Modellierung der Virusausbreitung nicht mehr aufrechterhalten werden. Müller plädiert dafür, sich am „Schweizer Modell" zu orientieren. In der Schweiz hatte das staatliche Krisenmanagement zu diesem Zeitpunkt nämlich bereits sehr konkrete Vorstellungen davon, wie man der Pandemie entgegentreten kann.

Als zentrale Säule der Schweizer Vorgehensweise wird in der Expertenrunde ein Strategiewechsel in den gegensteuernden Maßnahmen beschrieben: weg vom Containment örtlicher Infektionsherde, hin zur Abschwächung, um die begrenzte Ressource der Intensivbetten nicht mit zu vielen Erkrankten gleichzeitig zu überlasten. Bereits die Reduzierung der Sozialkontakte um ein Viertel, erklärt der Mathematiker Niki Popper, könne demnach die Zahl der gleichzeitig Kranken mehr als halbieren. An der Gesamtzahl der Erkrankten würde das allerdings wenig ändern, diese würde sich lediglich auf einen längeren Zeitraum verteilen. Erreichen will die Schweiz dieses Ziel mit konsequenten Hygienemaßnahmen, Einschränkungen von Veranstaltungen und der Isolation von Risikogruppen.

Zumindest zu diesem Zeitpunkt der Pandemie ist der Weiterbetrieb der Schulen vorgesehen: weil durch eine Schulschließung viele Großeltern, also Mitglieder der Risikogruppe, als Betreuungspersonen einspringen würden und somit einem größeren Risiko ausgesetzt wären.

Markus Müller beschreibt das zentrale Ergebnis des Treffens heute so: „Im Grunde war der Beirat der Meinung, dass die Idee des Containments, unter anderem auch wegen des örtlich sehr starken Ausbruchs in Ischgl bei gleichzeitig starker Ausstrahlung ins Ausland nicht mehr aufrechtzuerhalten und dass ‚Social Distancing' zu empfehlen war."

## Erste Einschränkungen

März
10
Österreich

Am nächsten Morgen, Dienstag, wird der Bundeskanzler über die Sitzung des Beirats von Gesundheitsminister Rudolf Anschober, Meduni-Rektor Markus Müller und Gerry Foitik vom Roten Kreuz in Kenntnis gesetzt. Müller bestätigt das Treffen vor der darauffolgenden Pressekonferenz. „Ich hatte den Eindruck, dass der Bundeskanzler extrem gut informiert war. Das hat mich ein wenig beruhigt, weil ich bis dahin den Eindruck hatte, dass das nicht in allen Ministerien so war."

Überhaupt soll sich Sebastian Kurz in dieser Zeit sehr viele Meinungen angehört haben. Österreichs Bundeskanzler hat den Ruf, jemand zu sein, der vor Entscheidungen eine Vielzahl an Einschätzungen aufnehmen will. Allerdings mit klaren Grenzen. Ihm grundsätzlich zu sagen, was er tun soll, ist offenbar keine so gute Idee. Eine Person, die Kurz und sein Team vor und während der Corona-Krise beriet, erzählte uns unter Zusicherung der Nichtnennung ihres Namens davon, dass der Kanzler das bei Bedarf auch deutlich machen würde: „Kurz war massiv besorgt, wahrscheinlich sogar mehr als ich. Er ist letztlich kein Mediziner, er hat sich aber sein Bild entwickelt. Seine Entscheidungen trugen ein großes politisches Risiko. Er hat dann allen gesagt, das ist ihm egal, denn: Was er möchte, sei, italienische Zustände zu verhindern. Er war da ganz fokussiert. Und fast erschreckend klar. Er hat von vielen Seiten Informationen bekommen und diese für sich bewertet. Ich habe ihm in den Gesprächen auch gesagt, welch unglaubliche Dinge durch die geplante Entscheidung *(Anm.: das Herunterfahren des Landes)* ausgelöst werden könnten. Darauf hat er sinngemäß geantwortet:

‚Lassen Sie das meine Sorge sein. Von Ihnen möchte ich nur wissen, wie Sie das auf Ihrem Fachgebiet einschätzen.‘ Seine Botschaft war also, dass er alles, was über meine formale berufliche Qualifikation hinausgeht, von mir gar nicht wissen will.“

Am Morgen des 10. März informieren Anschober, Müller und Foitik den Bundeskanzler also darüber, dass das Isolieren von Krankheitsfällen nach Ansicht der Expertengruppe nicht mehr ausreichend funktioniere, dass die Ausbreitung des Virus außer Kontrolle geraten sei. Dass mehr nötig sei als Vorsicht und Bewusstsein, und zwar „Social Distancing“, sich von seinen Mitmenschen fernzuhalten. Die Basis für die wenige Tage später verfügten Ausgangsbeschränkungen ist damit gelegt. Kurz vor Mittag tritt der Kanzler zusammen mit den Ministern Anschober und Nehammer vor die Kameras.

„Heute ist es so weit“, sagt Sebastian Kurz nur 24 Stunden, nachdem aus dem Krisenstab des Innenministeriums eigentlich noch beruhigende Worte gekommen waren. Mit einigen wenigen Sätzen zur Einleitung baut er Spannung auf. „Wir haben in den letzten Tagen immer wieder betont, dass der Tag kommen wird, an dem wir weitere Maßnahmen zur Einschränkung des öffentlichen Lebens setzen werden müssen. Dieser Tag findet nun statt.“[37] Als Grund dafür nennt er trotz der geringen Gesamtinfektionszahlen (zu diesem Zeitpunkt sind es 158) „enorme Zuwachsraten“ bei Erkrankten und auch Todesopfern. „Insbesondere in Italien.“

Der Kanzler sagt, dass das Virus, das erst vor wenigen Monaten erstmals in der chinesischen Millionenstadt Wuhan identifiziert worden war, keinesfalls mit der Grippe verglichen werden dürfe. „Zehn- bis dreißigmal höher“ sei die Sterblichkeitsrate.

Ruhig, ohne Versprecher und wie einem Drehbuch folgend,

geht Kurz weiter im Text. Schließlich sagt er den Satz: „Wir sind gezwungen, Maßnahmen zu setzen, die wir in den letzten Wochen vorbereitet haben." Und noch einmal wiederholt er: „Wir waren auf all diese Maßnahmen und Schritte vorbereitet."

Im Licht der kommenden Ereignisse scheint dieser Satz besonders interessant, denn bereits wenige Tage später, am folgenden Wochenende, im Rahmen der Sondersitzung des Parlaments, aber auch während des anschließenden Lockdowns, wird es seitens der Bundesregierung mehrfach heißen, dass für Details, Änderungsanträge im Parlament, Debatten und rechtliche Begutachtungen keine Zeit sei. Trotz – angeblich – wochenlanger Vorausplanungen.

Die Ankündigungen in der Pressekonferenz an diesem 10. März folgen jedenfalls Schlag auf Schlag. Der Bundeskanzler verkündet ein Einreiseverbot für Menschen aus Italien, Verbote von Veranstaltungen mit mehr als 100 Personen in Gebäuden und mit mehr als 500 Personen im Freien und das Ende des Lehrbetriebs an Universitäten und Fachhochschulen.

Neben diesen Maßnahmen spricht der Regierungschef auch mehrere Bitten aus. Unverbindlich, aber bestimmt. Er fordert etwa alle Arbeitgeber auf, Homeoffice zu ermöglichen, und junge und gesunde Menschen bittet der Kanzler, sich von ihren Großeltern fernzuhalten, um „sie zu schützen", wie er es formuliert.

Kurz untermauert das Gesagte noch mit einer persönlichen Anekdote. Er erzählt von einem Mitarbeiter des Krisenstabs, dem er für seinen Einsatz gedankt habe. Der Mitarbeiter habe ihm geantwortet, dass das nicht notwendig sei. Kurz schmunzelt: „Er sagte: ‚Ich tue das für meine Mama.'" Diese sei mit 70 Jahren nämlich besonders gefährdet, er, der Mitarbeiter, wolle nicht dafür verantwortlich sein, dass sie sich mit dem Virus infiziere.

Der Auftritt ist ein Wendepunkt. Die Pressekonferenz markiert das Umschalten Österreichs vom interessierten Beobachter zum Akteur. Sie vermittelt die Botschaft: Wir handeln jetzt. Rasch und hart. Ja, es wird wehtun, aber es ist im Sinne aller.

## Die Schulen schließen

März
11
Österreich

246 bestätigte Fälle in Österreich
0 Todesfälle

Am Mittwoch geben die Bundesmuseen ihre Schließung bekannt. Auch eines der größten Freiluft-Events des Landes fällt dieses Jahr aus: der Vienna City Marathon. Aus dem Bundeskanzleramt dringen häppchenweise neue Informationen nach außen. Nach einem Ministerrat kündigt Sebastian Kurz weitere Entscheidungen für den späten Nachmittag an. „Es wird auch Maßnahmen in der Schule geben müssen“, sagt er. Skeptikern entgegnet er: „Verharmlosen wir die Situation nicht.“

Der Terminplan des Kanzlers ist extrem dicht. Dem Ministerrat folgen Medientermine, den Medienterminen eine Telefonkonferenz mit den Landeshauptleuten. Nach den Landeshauptleuten trifft Kurz, gemeinsam mit weiteren Mitgliedern der Regierung, die Sozialpartner. Schulschließungen stehen im Raum. Um 17.30 Uhr tritt der Kanzler vor die Medien und verkündet ein ganzes Paket an Maßnahmen: Die Erhöhung der finanziellen Mittel für Kurzarbeit wird ebenso verkündet wie die Verschiebung der Zentralmatura. Kindergartenkinder sollen möglichst zu Hause betreut werden. Die Schließung der Schulen wird angekündigt, ab Anfang nächster Woche sollen die Oberstufenschüler zu Hause bleiben, Schüler der Volksschulen und Unterstufen erst ab Mittwoch, um Vorbereitungen für den Heimunterricht zu ermöglichen. Aber noch vor dem Wochenende ist wieder alles anders. Am folgenden Montag bleiben letztendlich alle Schüler zu Hause.

## Kurze Verkündungspause

März
12
Österreich

302 bestätigte Fälle in Österreich
1 Todesfall

Ein ereignisreicher Tag: Die AUA kündigt an, darüber nachzudenken, großflächig Flüge zu streichen. Tschechien beginnt mit Vorbereitungen für Grenzschließungen. Und im Bundesrat spricht Sebastian Kurz am Vormittag darüber, was passieren könne, wenn man die Bevölkerung mit dem Virus sich selbst überlasse, nämlich: Schlimmes.[38]

Im Wiener Kaiser-Franz-Josef-Spital wird indessen der erste Corona-Todesfall in Österreich dokumentiert. Bei dem Opfer handelt es sich um einen 69-jährigen Mann, der im Februar mit seiner Familie in Italien Urlaub gemacht hat. Bei einer Pressekonferenz berichtet Christoph Wenisch, der Leiter der Infektionsabteilung des Hauses, dass der Betroffene unter mehreren Vorerkrankungen gelitten habe. Sein Blutzuckerhaushalt war nicht in Ordnung, sein Herz-Kreislauf-System angeschlagen, zudem habe er unter Bluthochdruck und an einer chronischen Darmerkrankung gelitten.

Die Steiermark und Vorarlberg sagen die geplanten Gemeinderatswahlen ab. Die „Fridays for Future"-Klimademos werden bis auf weiteres verschoben. In Sport-Foren im Internet bricht Jubel aus, weil der Pay-TV-Sender „Sky" ankündigt, die nächsten beiden Spieltage der deutschen und der österreichischen Bundesliga auch für Nicht-Abonnenten frei zu übertragen. „In herausfordernden Zeiten müssen wir alle zusammenstehen", begründet Devesh Raj, Geschäftsführer des Senders, den Schritt, der auch ein Marketing-Coup sein soll. Die Freude der Fans währt jedoch nur kurz, denn wenig später wird bekannt, dass beide Ligen den Spielbetrieb einstellen.

Während die Fußballstadien verwaisen, wird es an den Kassen der Lebensmittelgeschäfte eng. Die Bevölkerung deckt sich vorsorglich mit Grundnahrungsmitteln und anderen Vorräten ein. Zu den am meisten gefragten Produkten gehört Toilettenpapier, was insbesondere in sozialen Medien für Erheiterung sorgt.

Im Laufe des Nachmittags ist zu erfahren, dass auch Kirchen und Religionsgemeinschaften Gottesdienste, Andachten und Versammlungen aussetzen. Am späten Nachmittag, um 16 Uhr, treten einmal mehr Sebastian Kurz, Rudolf Anschober und Innenminister Karl Nehammer vor die Kameras. Es gebe Neues zu erzählen, heißt es in der Einladung.

Tatsächlich erfahren die anwesenden Journalisten und das live zusehende Publikum in TV und Internet-Streams nur, dass die Lage ernst sei. Ernst wie noch nie. Und dass man das, was die Regierung hinter verschlossenen Türen geplant habe, erst am nächsten Tag, Freitag, erfahren werde.

Der Kanzler und seine Minister bereiten dabei den Boden für ihre Politik der täglichen Verlautbarung per Pressekonferenz, erhöhen die Spannung. Kurz berichtet davon, dass er Gespräche mit Betreibern kritischer Infrastrukturen geführt habe, damit die „Grundpfeiler der Republik" auch in den nächsten Wochen funktionieren würden. Er stimmt das Gesundheitspersonal auf harte Wochen und Monate ein, diese Pandemie werde nicht so bald vorbei sein.

Gesundheitsminister Rudolf Anschober wird etwas konkreter und sagt, dass wir nun nur mit „sehr, sehr konsequenten Maßnahmen eine Änderung erzielen“ können. Details nennt jedoch auch er nicht.

Innenminister Karl Nehammer hingegen legt in wenigen Sätzen (und vermutlich ohne es zu wissen) den Grundstein für die – zumindest in der ersten Phase des Lockdowns – weitgehend kritiklose Medienberichterstattung. Er wendet sich direkt an die anwesenden Journalisten, sagt: „Ich brauche Sie als Verbündete.“ Und zwar gegen jene, die die Auswirkungen des Coronavirus „verharmlosen oder banalisieren“. „Daher, bitte: Informationen, die von uns und vom Einsatzstab gegeben werden, sind die einzigen richtigen Informationen. Alles andere ist nicht überprüfbar, kommt von irgendwo. Lassen Sie sich davon nicht verunsichern.“[39]

Irritiert sind die Anwesenden jedoch allemal, denn alle drei Statements blieben in Bezug auf mögliche weitere Maßnahmen vage. Gleich die erste Frage der Journalisten geht in diese Richtung. Kommen nun Geschäftsschließungen? Sebastian Kurz antwortet. Rhetorisch, nicht inhaltlich: „Wir haben angekündigt, dass wir das soziale Leben reduzieren müssen. Viele der Maßnahmen benötigen eine gewisse Vorbereitungszeit, und man muss den Menschen auch die Zeit geben, sich darauf einzustellen. Daher treten viele der Maßnahmen, die wir setzen, mit kommendem Montag in Kraft. Welche das sind, darüber werden wir Sie morgen in Kenntnis setzen.“

Schnell machen daraufhin Gerüchte über Ausgangssperren und Ausgangsbeschränkungen die Runde. Zwischen Journalisten, Beamten und „Insidern“ werden intensiv Nachrichten ausgetauscht. Wiens Gesundheitsstadtrat Peter Hacker bezeichnet solche Maßnahmen in einem Interview als „undenkbar“.

Nach dem Ende der Pressekonferenz geht es für Kurz, Anschober und Nehammer gleich ein paar Zimmer weiter. Der Beirat der

„Taskforce Corona", also die Runde der externen Experten und Wissenschaftler, tagt wieder. Dieses Mal nicht im Gesundheitsministerium, sondern im Bundeskanzleramt. Die Zeit drängt. Auch Vizekanzler Werner Kogler stößt zur Runde.

Das Protokoll, auf dem der im Folgenden beschriebene Sitzungsverlauf genauso beruht wie auf persönlichen Erzählungen von Teilnehmern, führen drei Mitarbeiter des Gesundheitsministeriums.[40] Kanzler und Vizekanzler begrüßen die Runde, die aus knapp zwei Dutzend Personen besteht, und übergeben das Wort gleich an den Gesundheitsminister. Anschober berichtet, dass die Infektionszahlen täglich um 40 bis 50 Prozent steigen. Das sei alarmierend. Anschließend übergibt er an die anwesenden Experten.

Als Erster am Wort ist Markus Müller, der Rektor der Medizinischen Universität Wien. Müller bedankt sich für die bisherigen richtigen Maßnahmen der Regierung. Europa, sagt er, sei derzeit das weltweite Zentrum der Pandemie. Das, was durch die Pandemie nun drohe, bezeichnet er als „Kernschmelze des Gesundheitssystems". Eine Metapher, die er auch am nächsten Tag vor Führungskräften des Innenministeriums noch einmal verwenden wird. Bereits zu diesem – zumindest für Europa frühen – Zeitpunkt führt der Mediziner das extrem restriktive Singapur als mögliches Vorbild für Österreich an. In diesem Zusammenhang nennt er gleich mehrere Stichwörter, die Experten und Öffentlichkeit in den nächsten Wochen permanent begleiten werden: „Contact Tracing", „Social Distancing", „tägliche Dashboards".

Weitere Anwesende melden sich zu Wort. Als zentrales Thema taucht immer und immer wieder „Social Distancing", also das Abstandhalten zu anderen Menschen, auf. Florian Thalhammer, der Präsident der Gesellschaft für Infektiologie, weist darauf hin, wie wichtig diese Maßnahme sei, ebenso Martin Sprenger, der Grazer Experte für Public Health. Gemeinsam mit Ivo Steinmetz, dem Vorstand des Grazer Instituts für Hygiene, weist er darauf hin, dass es vor allem wichtig sei, Risikogruppen vor Kontakten mit potenziellen Überträgern zu schützen. Deshalb seien Informationskampagnen wichtig, die bis in die „hintersten Winkel" der Republik reichen würden.

Dazu hat der Vertreter des Roten Kreuzes, Bundesrettungskommandant Gerry Foitik, etwas beizutragen. Die Schriftführer des Protokolls notieren bei seiner Äußerung, dass bereits Teams für eine Kampagnenfähigkeit aufgestellt würden, um, wie er sagt, „Awareness", also Bewusstsein, für die Pandemie zu schaffen. Ein Thema, das Kurz wichtig zu sein scheint. Er bittet Foitik, diesbezüglich „aufs Gas zu steigen". Dieser erwidert, dass das bereits geschehe. Zudem berichtet er, dass seine Organisation an einer Smartphone-App zur Verfolgung von Sozialkontakten („Contact Tracing") arbeite.

Diese beiden Themen werden später für öffentliche Aufmerksamkeit sorgen. Die Kampagne deshalb, weil später bekannt wird, dass die Bundesregierung bei dieser Idee des Roten Kreuzes groß einsteigt und zu deren Verbreitung mehrere Millionen Euro an Medien verteilt (siehe dazu auch „16. April"). Da ebendiese Kampagne von Kurz' Wahlkampf-Werber Philipp Maderthaner entwickelt wurde, vermuten Kritiker eine Art unheilige Allianz zwischen der ÖVP und der Hilfsorganisation. SPÖ-Mediensprecher Thomas Drozda wird später davon sprechen, dass der Verdacht bestehe, dass das Rote Kreuz als eine Art „Trojanisches Pferd" der Bundesregierung agiere, die dadurch Ausschreibungspflichten umgehen wolle.

Auch die Smartphone-App wird für Schlagzeilen sorgen. Zunächst gibt es Gerüchte, dass die Regierung diese verpflichtend machen wolle, später folgen mehr oder weniger deutlich geäußerte Bedenken zu Datenschutz und Datensicherheit.

Neben „Social Distancing", Apps und Werbekampagnen gibt es bei diesem Treffen im Kanzleramt noch ein weiteres Thema, das besonders Sebastian Kurz zu interessieren scheint: das Bewusstsein der Bevölkerung dafür, dass das neue Coronavirus keine Kleinigkeit sei. Im Protokoll ist dazu zu lesen: „Kurz kommt nochmals darauf zu sprechen, dass er in der Bevölkerung keine wirkliche Sorge spüre" und „dass die Menschen Angst haben sollen vor einer Ansteckung bzw. Angst davor, dass Eltern/Großeltern sterben". Informationen aus diesem Protokoll werden später durch einen Bericht des ORF-Radios an die Öffentlichkeit gelangen. Die Äußerungen wird das Bundeskanzleramt später zunächst relativieren, letztlich aber indirekt bestätigen. In einer Pressekonferenz am 29. April wird Kurz nämlich das Kunststück schaffen, den Vorwurf der gezielten Angstmache zur Durchsetzung seiner Entscheidungen als verantwortungsvolles und transparentes Handeln gegenüber der Bevölkerung darzustellen. Er wird sagen, dass er glaube, dass es richtig gewesen sei, „Gefahren nicht unter den Teppich zu kehren" und die Bevölkerung für die Gefahr, die durch das Virus ausgehe, zu sensibilisieren. „Da viele Experten aufmerksam gemacht haben, dass Corona nicht die Grippe ist, haben wir das auch öffentlich kundgetan."

In der Besprechung zwischen Spitzenpolitikern, Beamten und Experten im Kanzleramt kommt noch ein weiteres Thema zur Sprache, das später für Diskussionen sorgen wird. Nämlich: Welche Rolle soll die Polizei in einer Gesundheitskrise spielen?

Innenminister Karl Nehammer erinnert die Anwesenden daran, dass er bereits vor drei Wochen angeboten habe, dass die Polizei beim „Contact Tracing", beim Identifizieren der Sozialkontakte von Kranken, unterstützen könne. Er erhält dabei Unterstützung von Kurz, der festhält, dass Polizisten schließlich geschult seien, „Leute zu verhören".

Die ungewöhnliche Wortwahl im Zusammenhang mit Kranken wird der ÖVP-Teil der Regierung beibehalten. Mitte April äußert sich Karl Nehammer erneut zur Thematik. In einer Pressekonferenz, die wie viele andere auch live über alle Kanäle ans Publikum übertragen wird, spricht er davon, dass die Polizei die „Flex" sei, „die die Infektionsketten durchtrennen soll".[41] In einer nachfolgenden Presseaussendung präzisiert er und verwendet eine noch drastischere Metapher. Befragungen von Infizierten sollen demnach „von Spezialisten aus dem Bundeskriminalamt bzw. der Landeskriminalämter durchgeführt" werden, denn: „Die Glutnester der Infektionen müssen rasch gelöscht werden."[42]

Das Treffen mit den hochrangigen Experten im Bundeskanzleramt endet an diesem 12. März um 18.30 Uhr. Die Maßnahmen, die die Regierung zu diesem Zeitpunkt bereits vorgesehen hat, sollen am nächsten Tag bekannt gegeben und am Wochenende mithilfe des Parlaments in Gesetze gegossen werden. Ein Kraftakt steht bevor.

## „Drei Gründe, das Haus zu verlassen"

März
13
Österreich

Die Gerüchteküche brodelt. Fast jeder kennt inzwischen über irgendjemanden eine Person, die wiederum jemanden kennt, der in einem Ministerium sitzt und genau weiß, was kommt. Nachrichten über Grenz- und Geschäftsschließungen, Ausgangssperren und mehr machen die Runde. Innenminister Karl Nehammer, der sich in den kommenden Tagen als besonders interessiert an Informationen, Desinformationen und sogenannten „Fake News“ zeigen wird, versichert in einem Interview mit dem ORF-Radio: „Es wird natürlich zu keinen Ausgangssperren kommen.“ Stunden später wird ihn sein Regierungschef korrigieren und einen großen Teil der Gerüchte, der angeblichen „Fake News“, bestätigen. Sebastian Kurz sagt:

„Es gibt nur noch drei Gründe, die eigenen vier Wände zu verlassen. Erstens: um zur Arbeit zu gehen. Zweitens: bei notwendigen Besorgungen. Drittens: um andere Menschen zu unterstützen, die sich nicht selbst helfen können.“ Eine Liste, die erst später um Grund vier, nämlich das „Beine vertreten, damit einem die Decke nicht auf den Kopf fällt“, erweitert wird.

Der grüne Vizekanzler Werner Kogler wird Ende Mai in mehreren Interviews behaupten, dass die Volkspartei „echte“ Ausgangssperren ohne Ausnahmen plante und es einem Veto seiner Partei zu verdanken sei, dass diese nicht kamen. Das Bundeskanzleramt dementiert diese Behauptung nicht. Auf Nachfrage heißt es aus Sebastian Kurz’ Büro: „Zur verfassungskonformen Umsetzung der Ausgangsbeschränkungen wurden verschiedene rechtliche Möglichkeiten diskutiert. Man hat sich gemeinsam dazu entschieden, diese auf Basis des COVID-Maßnahmen-Gesetzes umzusetzen. Das wurde auch mit allen Oppositionsparteien und allen Landeshauptleuten abgestimmt.“

Um 10 Uhr an diesem Freitag den 13. verschickt der Bundespressedienst eine Einladung an alle Redaktionen. „AVISO: Aktuelles zum Coronavirus“ lautet die Überschrift. Regierungschef Kurz, Gesundheitsminister Anschober und Innenminister Nehammer informieren um 14 Uhr im Bundeskanzleramt über „neueste Entwicklungen“.

Als es so weit ist, sind das Fernsehen und mehrere Internet-Streams live auf Sendung. Die Zeit, „die die Menschen brauchen, sich darauf einzustellen“, wie Kurz noch am Vortag sagte, ist vorbei.

„Ab Montag“, sagt der Bundeskanzler, „müssen wir unser soziales Leben auf ein Minimum reduzieren. Österreich wird nicht auf Dauer, aber doch auf Zeit auf Minimalbetrieb herunterfahren.“[43]

Im Newsfeed der Austria Presse Agentur wird es bunt. Hunderte Meldungen laufen hier Tag für Tag vor den Augen der eingeloggten Journalisten vorbei. Nachrichten, die die APA für besonders wichtig hält, werden mit Farben und Auszeichnungen markiert. „Vorrang“, „Alarm“ und „Eilt“ sind solche Markierungen. Innerhalb von acht Minuten schafft es fast jeder Satz, jede neue verkündete Maßnahme zur Eindämmung des Virus als besondere Meldung in den Feed. Viermal steht da „Alarm“, einmal „Vorrang“, einmal „Eilt“. Der Inhalt der Nachrichten: Geschäfte schließen. Schulen schließen. Die Gastronomie schließt. Die Grenzen machen dicht, und Teile Tirols werden unter Quarantäne gestellt.

Gesundheitsminister Anschober erklärt, warum das, was Kurz eben vorgestellt hat, notwendig ist. „Ja, Wirtschaft ist wichtig. Aber nichts ist wichtiger als die Sicherung unserer Gesundheit.“ 428 COVID-19-Kranke waren zu diesem Zeitpunkt dokumentiert. Der Minister sagt, dass das trügerisch sein könne. Er verweist auf Blogs von Ärzten in Italien. „Vielleicht haben Sie die wie ich gesehen. Das liest sich wie Kriegsberichterstattung.“ Um zu verhindern, dass auch in Österreich italienische Zustände kommen, seien starke Einschränkungen notwendig. Anschober formuliert die zentralen Ziele des Plans der Regierung: Schutz der Vorerkrankten und Alten. Schutz der limitierten Spitalsinfrastruktur vor Überlastung durch zu viele COVID-19-Erkrankungen zur gleichen Zeit. Reduktion sozialer Kontakte und damit Verlangsamung der Ausbreitung des Virus.

Wenige Stunden später wendet sich auch Bundespräsident Alexander Van der Bellen an die Bevölkerung. „Wir müssen jetzt gemeinsam durch diese Situation durch", sagt er und spricht der Bevölkerung Mut zu.[44] Und dann lobt er noch jene, die in den nächsten zwei Tagen die notwendigen Sondergesetze im Parlament umsetzen werden: die Regierung, alle Parlamentsparteien, vor allem aber die Opposition, die jetzt über alle ideologischen Gräben hinweg zusammenhalte. Heute wissen wir: Leicht fiel es ihr nicht.

## Das Parlament in der Defensive

März
14
Österreich

Am Samstagmorgen um 9.55 Uhr verschickt ÖVP-Klubdirektor Martin Falb ein E-Mail mit dem Betreff „COVID 19 Sammelgesetz Initiativantrag". Gerald Loacker erinnert sich noch gut an den Moment, als er die Nachricht öffnet. Der 46-jährige Vorarlberger gehört als Abgeordneter im Nationalrat dem Parlamentsklub der NEOS an. „In der E-Mail stand: ‚Findet anbei den Entwurf wie gestern in der Präsidialkonferenz besprochen.'" Überhaupt, das finden nicht nur er und seine Fraktion, verliefen die Vorbereitungen für die in einer Sondersitzung des Nationalrats am Sonntag, den 15. März, beschlossenen Corona-Gesetze extrem kurzfristig und zu schnell.

Es gibt Abgeordnete, die sich von der plötzlichen Geschwindigkeit der Gesetzesänderungen überrumpelt fühlen. Weniger, weil sie das Tempo aus der vergleichsweise gemütlichen Tagesroutine der parteipolitischen Auseinandersetzung gerissen hat. Sondern weil erst im Nachhinein klar wurde, mit welch weitreichenden

Befugnissen sich die Regierung damals vom Gesetzgeber hat ausstatten lassen. Wie weit sie in Grundrechte der Bürger eingreifen darf. Versammlungen können untersagt, das Betreten bestimmter Orte kann verboten werden. Ein Großteil der Wirtschaft wurde mit der Ausformulierung weniger Paragrafen stillgelegt. Die im Paket beschlossene Aushebelung des Epidemiegesetzes bedeutet, dass Unternehmer bei behördlicher Schließung ihrer Geschäfte bei der Geltendmachung von Verdienstentgang von Anspruchsberechtigten zu Bittstellern werden. Alles einstimmig beschlossen von einem Gremium, das per Verfassung das Volk repräsentiert. Wie konnte es geschehen, dass die Regierung das Parlament dazu brachte, sich selbst ein Stück weit zu entmachten, das Kräfteverhältnis zwischen Exekutive und Legislative ein Stück weit zugunsten derer zu verschieben, die lediglich vom Bundespräsidenten ernannt, nicht aber von der Bevölkerung gewählt wurden?

„Es war wohl eine Mischung aus vielen Faktoren", glaubt Robert Laimer. Wenige Wochen, nachdem die Regierung mithilfe des Parlaments das Land stillgelegt hat, erzählt der Abgeordnete der Sozialdemokraten seine Perspektive auf jene Tage der Entscheidung.

Laimer ist Wehrsprecher seiner Fraktion und als solcher eigentlich gut darüber informiert, was die Republik in Sachen Sicherheit gerade beschäftigt. Ende 2019 zum Beispiel machte das Verteidigungsministerium in einer jährlich erscheinenden Publikation („Sicherheitspolitische Jahresvorschau") darauf aufmerksam, dass unsere gegenwärtige Gesellschaft nur unzureichend auf das immer größer werdende Risiko einer Pandemie (Stichwort: Globalisierung) vorbereitet sei. „Seitens der Regierung gab es dazu jedoch bis kurz vor Umsetzung der Anti-Corona-Maßnahmen keine Informationen ans Parlament."

Wie Loacker und Laimer erzählt auch die freiheitliche Abgeordnete Susanne Fürst, dass die Informationen von der Regierung ans Parlament nur äußerst spärlich oder gar nicht flossen. „Als das alles aufkam, erfuhr ich das meiste aus den Medien." Fürst, im Zivilberuf Rechtsanwältin in Linz, sieht vor allem die Dauer vieler Maßnahmen der Regierung heute kritisch. Und das, obwohl sie Mitte März wie alle ihrer Fraktionskollegen im Nationalrat für das Vorgehen der Regierung gestimmt hat. Ganz bewusst sagt sie, dass sie keine Angst vor dem Coronavirus habe. Nur Respekt. „So bin ich nun einmal." Zur Begrüßung streckt sie einem inzwischen wieder die Hand entgegen.

Dass den Abgeordneten zufolge bis zur Umsetzung der Corona-Gesetze keine bis wenige Informationen von der Regierung ans Parlament flossen, passt nicht zu dem, was Sebastian Kurz in der Pressenkonferenz am 12. März sagte: „Wir sind gezwungen, Maßnahmen zu setzen, die wir in den letzten Wochen vorbereitet haben."

Abgeordnete der Oppositionsparteien fragen sich heute, was da, falls Kurz' Äußerung stimmt, vorbereitet wurde. Das Parlament jedenfalls hat von umfassenden Vorbereitungen für den Fall, dass die Corona-Pandemie Österreich erreichen sollte, nichts mitbekommen. Die Parlamentarier fragen sich auch, ob die Äußerung im Rahmen der Pressekonferenz eine Floskel war und die Regierung bis unmittelbar vor dem Umschalten in den Alarmmodus das Thema nicht ausreichend auf dem Gefahrenradar hatte. Auf Anfrage präzisiert das Bundeskanzleramt, wie die Äußerung des Kanzlers gemeint war, und warum dem Parlament trotz langer Vorbereitung keine Zeit für die üblichen Begutachtungsprozesse blieb. „Die Vorbereitungen bezogen sich vor allem auf den Gesundheitssektor. Die gesamtgesellschaftlichen Auswirkungen waren in den Monaten Jänner und Februar noch nicht in ihrem Gesamtausmaß absehbar und ergaben daher auch notwendige Gesetzesänderungen, die ins Parlament eingebracht werden mussten."

In den Fachausschüssen des Parlaments hatten die Regierungsparteien Anfang März jedenfalls kein Interesse daran, mehr über das Coronavirus zu reden, als es ihnen unbedingt notwendig erschien. Diesen Schluss lässt jedenfalls das Protokoll des Gesundheitsausschusses zu, der vor dem Lockdown zuletzt am 3. März tagte. Punkt 7 der umfangreichen Tagesordnung geht auf den Apotheker und FPÖ-Abgeordneten Gerhard Kaniak zurück, der für Bevölkerung und Parlament eine „lückenlose Informationspolitik zu den Bedrohungsszenarien durch die Coronavirus-Seuche" forderte. Im Ausschuss wurde darüber debattiert, die Oppositionsparteien waren geschlossen dafür, wollen von der Regierung mehr Informationen, als sie sich selbst aus den nationalen und internationalen Medien beschaffen konnten. Die Fraktionen der Regierungsparteien, ÖVP und Grüne, lehnen den Antrag jedoch ab. Mit dem Wissen von damals könnte man sagen, dass das der übliche Schlagabtausch zwischen den Parlamentsparteien war. Mit dem Wissen von heute macht die Weigerung, besser zu informieren, aber einen merkwürdigen Eindruck.

Das Parlament selbst nahm das Thema ernst. Die Abgeordneten erinnern sich, dass die Parlamentsdirektion schon sehr früh Hygienemaßnahmen kommunizierte. Vor allem im Klub der SPÖ war man früh sensibilisiert, schließlich war die Chefin selbst, Partei- und Klubobfrau Pamela Rendi-Wagner, vor ihrer Karriere als Politikerin Generaldirektorin für die öffentliche Gesundheit und als Medizinerin Expertin für die Ausbreitung von Infektionskrankheiten und Public Health. Der Regierung hingegen war es offenbar kein besonderes Anliegen, dass das Parlament über gute und vor allem rasche Informationen verfügte, um später dann, auf der Basis von möglichst viel Wissen, über Gesetze abstimmen zu können. „Vom Plan, die Schulen zu schließen", erzählt Susanne Fürst, „haben wir aus den Medien erfahren." Während sich Gesundheitsminister Heinz Faßmann in Ausschüssen auf Fragen zu möglichen Schulschließungen ahnungslos gab, informierte sein Ressort bereits Direktoren und Bundesländer über die Pläne der nächsten Tage.

Am Samstagmorgen trifft also der Entwurf für das erste COVID-19-Sammelgesetz (es sollen viele weitere folgen) in den Parlamentsklubs der Parteien ein. Die internen Debatten dürften innerhalb der Parteien unterschiedlich ausgefallen sein.

Bei der kleinsten Fraktion, im Klub der NEOS, nimmt Gerald Loacker per E-Mail und Telefon an der Diskussion teil. Er war noch am Freitagabend von Wien aus in seine Heimat Vorarlberg geflogen. Schon am Samstag sollte er dann wieder mit dem Nachtzug nach Wien reisen, um am Sonntag an der Sondersitzung des Nationalrats teilnehmen zu können. In seiner Fraktion macht man sich zunächst über die ursprünglich geringe Höhe der Soforthilfe (4 Milliarden Euro), die Wirtschaft und die unweigerlich einbrechende Nachfrage der Konsumenten Sorgen, und wegen der Ermächtigung, per Verordnung festlegen zu dürfen, wer welche Orte noch betreten und wen treffen darf. „Ich habe diese Passagen gelesen. Wir hatten zu diesem Zeitpunkt wohl keine Vorstellung davon, was das bedeutet. Ich zum Beispiel dachte da in erster Linie an Fußballspiele. Niemand von uns hat damals daran gedacht, dass die Regierung so leichtfertig mit den Grenzen der Verfassung umgeht. Ich bin mir fast sicher: Heute würden wir das wohl nicht mehr so machen wie damals."

Gerald Loacker ist nicht der Einzige, der inzwischen so denkt. Susanne Fürst, der Freiheitlichen, ist heute vor allem noch der „ungemeine Zeitdruck" dieser Tage in Erinnerung. Die Entscheidung, das Land in den Ruhezustand zu versetzen, trug auch sie mit, wie alle anderen in ihrer Fraktion. Wie die anderen Abgeordneten erhielt auch sie keine Informationen von der Regierung, sondern durchsuchte nationale und internationale Medien nach Grundlagen zum Coronavirus. Dass es selbst innerhalb des Beraterstabs der Regierung Stimmen gab, die für eine weniger harsche Gangart eintraten, wusste damals niemand im Parlament. „Mir wären einfach keine fundierten Argumente eingefallen, verantwortungsvoll gegen den Plan der Regierung zu stimmen." Ihren Klubkollegen auch nicht.

Die fehlende Information über die Detailabsichten der Regierung war dann wohl der Grund dafür, dass auch Fürst, die als Rechtsanwältin Gesetzesentwürfe lesen und interpretieren kann, jene Passagen, die in die bürgerlichen Freiheiten der Bevölkerung eingriffen, unterschätzte. „Erst nach ein paar Tagen ist mir so richtig bewusst geworden, was die Ausgangs- und Kontaktbeschränkungen in der Praxis bedeuten." Und zwar nicht auf Basis des beschlossenen Gesetzes, sondern in Form der dadurch erst ermöglichten Verordnungen. Diese konnte die Regierung dann nämlich auch ohne den Gesetzgeber formulieren. Dass sie so harsch ausfielen, sagt Fürst, sei damals nicht absehbar gewesen. „Ich stimmte auch im Vertrauen zu, dass die Regierung diese Ermächtigung maßvoll einsetzen würde." Eine Hoffnung, die sich aus ihrer Sicht nicht erfüllte, weshalb die Freiheitlichen bereits Anfang April wieder auf Konfrontationskurs zur Regierung gingen. Durchaus ein Risiko, denn: „Die ersten Rückmeldungen von unseren Wählern dazu waren nicht positiv. Einige forderten uns dazu auf, in dieser schweren Zeit auch zur Regierung zu stehen." Erst später sollte sich zeigen, dass es für Kritik an der Corona-Politik einen Wählermarkt gab.

Doch den Abgeordneten fehlen an diesem Wochenende nicht nur Zeit und Informationen. Für ernsthafte Kritik fehlt es ihnen an Rückhalt in der Bevölkerung. „Es wäre der Bevölkerung wohl nicht zu erklären gewesen, warum man – zum Beispiel – gegen einen Soforthilfefonds stimmt", beschreibt der Sozialdemokrat Robert Laimer das Dilemma, in dem sich die Abgeordneten befanden. Die COVID-19-Sammelgesetze bestanden aus einer Vielzahl höchst unterschiedlicher Details, über die jedoch nicht einzeln, sondern insgesamt abgestimmt wurde. „Das machte Detailkritik fast unmöglich." Oder, anders formuliert: Um Schlechtes zu verhindern, hätte man auch gegen Positives stimmen müssen.

Bei den NEOS beobachtete man zu diesem Zeitpunkt genau, wie sich die eigenen Wähler zu vorsichtig vorgetragener Kritik am Vorgehen der Regierung im Tiroler Corona-Hotspot Ischgl äußerte. „Wir sahen das vor allem in den sozialen Medien", erzählt Gerald Loacker. Dort erhielt die Partei für ihre kritischen Äußerungen stark negatives Feedback aus der Bevölkerung. „Unserer Einschätzung nach war in dieser Stimmung auch politisch gar nichts anderes möglich als mitzustimmen."

So kommt es dann auch. Mit den Bildern überfüllter Intensivstationen aus Italien im Kopf reisen die Abgeordneten aus ganz Österreich zur Sondersitzung des Nationalrats am 15. März in die Wiener Hofburg. Robert Laimer aus St. Pölten, Susanne Fürst aus Linz, Gerald Loacker aus Dornbirn. Als er am Vorabend kurz vor 22 Uhr in den Nachtzug steigt, wird ihm klar, dass da „etwas Großes" im Gange ist. Sein Auto war nämlich das einzige in der Stadtgarage im Zentrum. Als er am nächsten Tag nach der Sondersitzung das Parlament verlässt, geistert Loacker ein düsterer Gedanke durch den Kopf. „Ich war mir nicht sicher, ob ich hier so bald wieder reinkomme."

■ 758 bestätigte Fälle in Österreich
| 3 Todesfälle

## Lockdown

März
16
Österreich

Nach dem Lockdown fiel die Aktivität in Supermärkten, im Handel und an Verkehrsknotenpunkten

Veränderung der Anzahl und Länge von Besuchen im Vergleich zum Mittelwert der gleichen Wochentage zwischen 3. und 6. Jänner in Österreich.

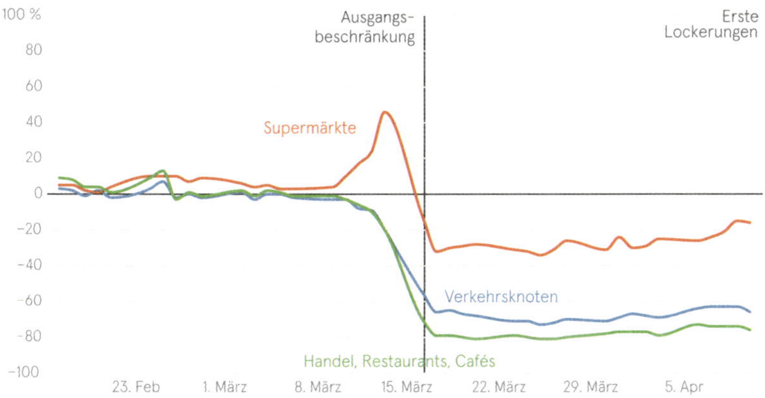


Ohne Wochenenden und Feiertage

Grafik: Addendum · Quelle: Google Mobility Report

Montag. Eine Woche lang hat Österreichs Bundesregierung die Bevölkerung Schritt für Schritt auf das vorbereitet, was kaum jemand außerhalb Chinas für möglich hielt. Nun ist es so weit. Das

Land wird in „Notbetrieb“ versetzt. So bezeichnet Bundeskanzler Kurz den Zustand. Dieser lautet: in erster Linie Ausgangsbeschränkungen und damit Vermeidung sozialer Kontakte. Im Rahmen von Pressekonferenzen erklären verschiedene Mitglieder der Regierung fortan täglich, was das im Konkreten bedeutet, und präsentieren mitunter auch eigenwillige Auslegungen der geltenden Gesetze. Hilfreich bei dieser Form des Regierens ist auch, dass anfangs nur der ORF und die Austria Presse Agentur als Gäste zugelassen sind. Dadurch ist sichergestellt, dass überall dieselben Informationen verbreitet werden.

Im Lauf der nächsten Wochen werden noch zahlreiche weitere Maßnahmen umgesetzt bzw. beschlossen. Neben Änderungen bestehender Gesetze entstehen so allein bis Mitte Mai 19 COVID-Sondergesetze. Besonders stark davon betroffen ist die Wirtschaft. Der Handel muss bis auf Dienstleister der Grundversorgung (Lebensmittelgeschäfte, Apotheken etc.) schließen. Die Nachfrage bricht genauso zusammen wie internationale Lieferketten.

Gut sichtbar ist das zum Beispiel beim oberösterreichischen Motorradhersteller KTM, der viele Komponenten aus dem stark betroffenen Italien bezieht. Das Unternehmen meldet deshalb 4.000 Mitarbeiter zur Kurzarbeit an. An KTM, oder präziser, an seinem Mehrheitseigentümer Stefan Pierer, entzündet sich jedoch eine weitere Debatte, nämlich: Wie viel Einfluss darf der Staat in Krisenzeiten auf das Privateigentum seiner Bürger nehmen? Während die Regierung den Lockdown verordnet, den Unternehmen damit die Geschäftsgrundlage nimmt und diese damit zum Kurzarbeitsmodell (oder zu Kündigungen) zwingt, gibt Pierer bekannt, dass das Unternehmen für die Erfolge im Geschäftsjahr 2019 eine Dividende von 30 Cent pro Aktie an die Eigentümer (also hauptsächlich ihn und die indische Bajaj-Gruppe) ausschütten wird. Das empört Werner Kogler, Vizekanzler der Grünen. Der kündigt an, Einschränkungen bei Dividendenausschüttungen vorzunehmen, wenn Unternehmen staatliche Hilfe in Anspruch nehmen. Der Wochenzeitung *Die Zeit* sagte er, wie er sich das vorstelle: „Darüber sollten wir gar nicht viel reden, sondern es einfach verordnen." Pierer kommt dem allerdings zuvor und belässt den Gewinn schließlich doch im Unternehmen, um den Schaden aufzufangen, der durch das Herunterfahren der Wirtschaft entsteht.

Besonders harte Auswirkungen hat der Lockdown auf Tourismus und Gastronomie. Ganz langsam beginnt die von der Regierung zugesicherte Soforthilfe für Unternehmen zu fließen. Abgewickelt wird diese jedoch nicht vom Staat, sondern von der Wirtschaftskammer. „23 der beschlossenen 38 Milliarden Euro darf der Finanzminister ohne parlamentarische Kontrolle annähernd freihändig verteilen", wird wenige Wochen später der SPÖ-Abgeordnete Robert Laimer kritisieren. Ein Prozedere, dem anfangs jedoch auch die späteren Kritiker im Nationalrat zustimmten. Niemand, selbst die kantigsten Oppositionspolitiker nicht, war während der entscheidenden Tage im Parlament dazu bereit, als demokratisches Korrektiv aufzutreten. Zu groß schien die Angst, dafür öffentlich als „Corona-Leugner" oder „Lebensgefährder" gebrandmarkt zu werden.

Ausgangsbeschränkungen und das Niederfahren der Wirtschaft sind jedoch nur die für jedermann unmittelbar spürbaren Konsequenzen. Kindergärten, Schulen und Universitäten schließen, bieten Kinderbetreuung für Sonderfälle, wie gut (oder schlecht) Unterricht und Lehre im Homeoffice funktionieren, hängt vom individuellen Engagement der Lehrkräfte, Eltern und Schüler ab.

Gleichzeitig werden die Grenzen geschlossen, der Flugverkehr kommt praktisch zur Gänze zum Erliegen. Weil Ein- und Ausreise beschränkt sind, wachsen in bestimmten Sparten die Probleme. Sofort zeigt sich, wie abhängig Österreich von kostengünstigen Pflegekräften, Erntehelfern und Logistik-Mitarbeitern aus dem Ausland ist.

Unterdessen wird es in den Spitälern leer. Während auf allen Kanälen Bilder aus Krankenhäusern zu sehen sind, in denen Personal in Schutzkleidung offensichtlich an COVID-19 Erkrankte behandelt, werden alle Operationen, Aufenthalte und Termine verschoben, die nicht als akut gelten. „Unsere Häuser fahren praktisch im Leerlauf", erzählt uns Ende März im Schutz der Anonymität ein Manager eines größeren Krankenhausträgers.

COVID-19-Patienten auf der Intensivstation

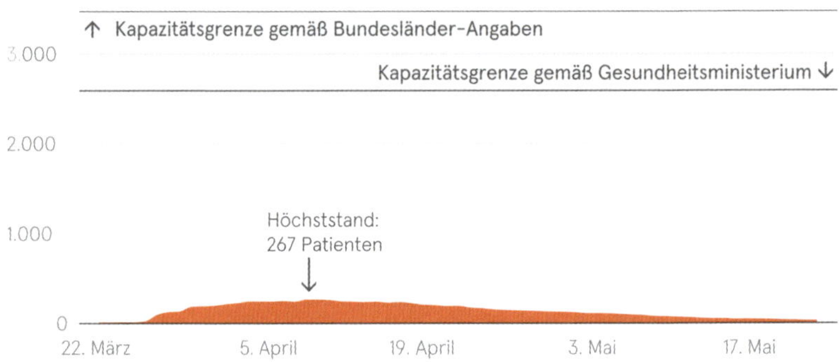


Quelle: Gesundheitsministerium

Bund, Länder und Spitalsbetreiber tun alles, um die zentrale Ressource, nämlich die bundesweit knapp 2.500 Plätze auf Intensivstationen vor einer Überbelegung mit schwer erkrankten Corona-

Patienten zu schützen. Dafür werden die Krankenhäuser faktisch leergeräumt. Drei Wochen später werden Kritiker darüber mutmaßen, ob diese Maßnahme womöglich mehr geschadet als genützt hat. Zum Höchststand der Pandemie waren 267 der 2.500 Plätze, das entspricht elf Prozent der Kapazität, mit COVID-Kranken belegt. Zu keinem Zeitpunkt waren es mehr. Trotzdem kaufen Bund und Länder für viele Millionen Euro zusätzliche Beatmungsgeräte. Der gesundheitliche Schaden, der durch das Niederfahren des Rest-Betriebs verursacht wurde, ist nicht bekannt.

Obwohl die Detailtiefe der von den Gesundheitsbehörden erhobenen Daten zu den Erkrankten häufig fehlt (Alter, Geschlecht, Vorerkrankungen etc.) und darüber hinaus ohnedies fast nur Menschen getestet werden, die auch Symptome der häufig symptomlos verlaufenden Krankheit zeigen, zeigt sich in den unzähligen Dashboards recht bald, dass die gesetzten Lockdown-Maßnahmen im Sinne des Schutzes der Gesundheit der Bevölkerung erfolgreich sind. Innerhalb von nur zwei Wochen sinkt die tägliche Zuwachsrate von knapp 30 auf zehn Prozent Ende März.

Dabei bleibt allerdings unberücksichtigt, welche Wirkung die bereits vor dem Herunterfahren des Landes ausgesprochenen Empfehlungen entfalteten. Nicht in die Hand zu niesen etwa, häufiger die Hände zu waschen, auf Händeschütteln zu verzichten und nicht auf Großveranstaltungen zu gehen. Alles Maßnahmen, die Experten wie der Grazer Public-Health-Experte Martin Sprenger für hochwirksam halten und deren Effekte schon in der ersten Phase des Lockdowns sichtbar wurden. Allerdings nur mit sehr geringen Begleitschäden.

„Jede helfende Hand wird gebraucht", sagte die für den Zivildienst zuständige Landwirtschaftsministerin Elisabeth Köstinger bereits am 15. März in einer Live-Pressekonferenz voller Pathos.[45] Sie rief ehemalige Zivildiener auf, sich freiwillig zu melden, verpflichtete 1.500 weitere dazu, ihren Dienst am Staat, der eigentlich Ende März hätte auslaufen sollen, um drei weitere Monate zu verlängern. Einige Wochen später wird sich herausstellen, dass es für eine erkleckliche Zahl der Weiterverpflichteten wegen des allgemeinen Stillstands nichts bis wenig zu tun gibt; dass dieselben Organisationen, die die zusätzlichen Zivildiener erhalten, dafür zu Tausenden angestellte Mitarbeiter zur Kurzarbeit anmelden. Allein bei den beiden größten, bei der Caritas und dem Roten Kreuz, sind es etwa 2.663.

Auch im Militär fallen ähnliche Entscheidungen. Aktuell dienende Wehrdienstleistende werden – wie Zivildiener – verlängert, und erstmals in der Geschichte der Zweiten Republik mobilisiert die Bundesregierung die Miliz. Die Entscheidung dafür macht Verteidigungsministerin Klaudia Tanner am 18. März öffentlich. Tatsächlich im Einsatz stehen werden die Soldaten jedoch erst am 18. Mai, also zwei Monate später. Zu diesem Zeitpunkt wird die Republik zumindest den akuten Krisenmodus längst wieder verlassen haben. Nach außen kommuniziert das Bundesheer den späten Einsatz damit, dass die Miliz Kräfte ablösen soll, die bis dahin im Einsatz standen. Hinter der Fassade ist von Mängeln bei der Mobilisierung, Streitereien zwischen Miliz- und Berufssoldaten, Mangelwirtschaft bei der Ausrüstung, hohen Entschuldigungsquoten und Planlosigkeit zu erfahren. Zum Vergleich: Die Miliz der Schweiz stand drei Tage nach ihrer Alarmierung im Einsatz.[46]

Doch wie lange war die Aufrechterhaltung der stark einschränkenden Maßnahmen zur Eindämmung der Ausbreitung des Coronavirus klug? Führende Experten wie Meduni-Rektor Markus Müller, der Simulationsexperte Niki Popper, aber eben auch Martin Sprenger sagen heute, dass es bereits Ende März stark positive Signale gab. Doch die Regierung sollte ihre Gangart noch einmal verschärfen.

4

# Die große Entgleisung: Angst statt Entspannung

*Am 30. März entgleist das Angst-Geschehen. Der Bundeskanzler verschärft die Gangart und erklärt, dass bald jeder einen kennen werde, der am Coronavirus gestorben ist. Also: Verlängerung der Maßnahmen und Maskenpflicht. Eine empirische Grundlage für diese Behauptung gibt es nicht. Die Daten zeigen eindeutig, dass es zu einem Zusammenbruch des Gesundheitssystems nicht kommen wird. Kurz beruft sich auf eine „Studie“ von Mathematikern, deren Fehlerhaftigkeit schon bei ihrer Präsentation angesprochen wird.*

## Verschärfung trotz guter Entwicklung

März
29
Österreich

8.958 bestätigte Fälle in Österreich
139 Todesfälle

Nach zwei Wochen Lockdown findet am Montag, den 30. März eine besondere Pressekonferenz statt. Im Kongresssaal des Bundeskanzleramts informieren Kanzler, Vizekanzler, Gesundheits- und Innenminister darüber, wie es in den nächsten Wochen weitergehen soll.

In sozialen Medien und Nachrichtensendungen wird ausführlich über den Inhalt der angekündigten Verlautbarung spekuliert. Es gibt Indizien für positive Nachrichten. Am Morgen des 29. März verbreitet Gesundheitsminister Rudolf Anschober über seinen

Twitter-Account kommentarlos eine Grafik des SORA-Instituts.[47] Sie zeigt den Verlauf der täglichen Zuwachsraten von Neuinfektionen über die vergangenen zwei Wochen. Seit dem Lockdown ist das tägliche Wachstum von einst 33 auf zuletzt zwölf Prozent zurückgegangen. Die Kurve zeigt steil nach unten.

Wachstumsrate bestätigter COVID-19-Fälle in Österreich

Relativer Zuwachs der Infektionen in Österreich. Berechnung als geometrisches Mittel über vier Tage.

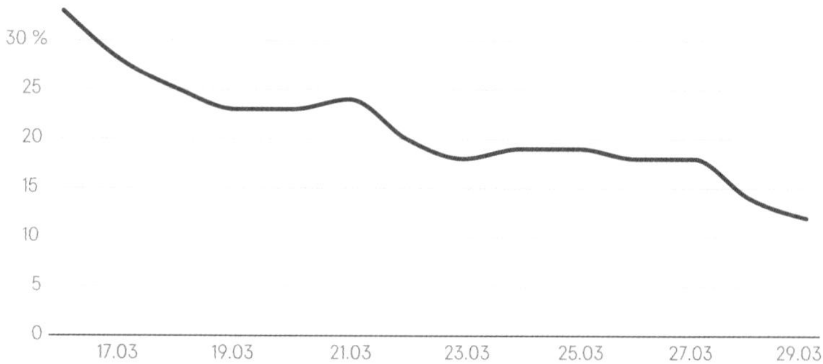


Quelle: Gesundheitsministerium, SORA

Etwas mehr als 24 Stunden später zerstört Sebastian Kurz jedoch jede Hoffnung auf gute Nachrichten und ein absehbares Ende der harten Maßnahmen. Gleich zu Beginn der Pressekonferenz sagt er: „Viele können sich nicht vorstellen, was da in einigen Wochen auf uns zukommt. Aber die Wahrheit ist, es ist die Ruhe vor dem Sturm. Und wie grausam dieser Sturm sein kann, das merkt man, wenn man in unser Nachbarland Italien schaut."

Die von ihm geführte Koalitionsregierung verkündet an diesem Montag eine folgenreiche Entscheidung. Obwohl es inzwischen weit mehr positive Nachrichten als die von Anschober am

Vortag getwitterte SORA-Grafik gibt, wird sein Kabinett von nun an die Maßnahmen noch einmal deutlich verschärfen und drastische Bilder zeichnen; der bisher unsichtbaren Coronavirus-Pandemie mit der Verpflichtung zum Tragen von Gesichtsmasken an bestimmten Orten ein Gesicht geben, und diese Maßnahmen mit voller Härte bis Ende April (in Teilbereichen auch länger) durchziehen. Und unter den Mitgliedern des Beraterstabs für Kopfschütteln sorgen, denn: Eigentlich gibt es längst Gründe, die restriktiven Maßnahmen zu lockern. Oder zumindest darüber nachzudenken.

## Die Mathematiker der Apokalypse

Rückblende: Es ist der 26. März. In mehreren Zeitungsartikeln wird über die Sinnhaftigkeit des Tragens von Gesichtsmasken berichtet, die *Kleine Zeitung* titelt an diesem Tag eine Geschichte ihres Skandinavien-Korrespondenten mit der Überschrift „Noch steppt in Schweden der Bär“, und in der Rubrik Gesellschaftsberichterstattung erfährt man in nahezu allen Zeitungen, dass sich auch Prinz Charles, der Thronfolger im Vereinigten Königreich, mit dem Coronavirus infiziert hat.

In dieser Zeit bekommt Walter Schachermayer einen Anruf aus dem Bundeskanzleramt. Der 69-Jährige wird für den 26. März zu einer Sitzung am Ballhausplatz 2, dem Sitz des Regierungschefs, eingeladen.

Schachermayer ist Professor für Finanzmathematik an der Universität Wien, inzwischen emeritiert. Auf seinem Lehrstuhl sitzt heute der 1980 geborene Mathias Beiglböck, der ebenfalls ins Bundeskanzleramt eingeladen ist. Zur Sitzung erscheinen die beiden

Professoren gemeinsam. Bei der Runde handelt es sich keineswegs um einen eigenen Beraterstab des Regierungschefs. Dieser, das erzählen andere Experten, die während der Corona-Krise für mehrere Ministerien der Bundesregierung tätig waren, habe sich jedoch regelmäßig von Fachleuten zu diesem oder jenem Thema beraten lassen. Dem Bundeskanzleramt zufolge fiel die Wahl am 26. März auf Schachermayer und Beiglböck, weil diese neben ihrem wissenschaftlichen Renommee und mehreren Preisen vor allem internationale Erfahrung mit der Arbeit an Mathematik-Modellen vorweisen konnten.

Ein Teilnehmer[48] dieser Besprechung schildert, dass Schachermayer und Beiglböck nach ihrer Meinung zum bisherigen Verlauf von Pandemie und Gegenmaßnahmen gefragt wurden. „Insbesondere unter dem Blickwinkel, ob weitere Maßnahmen getroffen werden sollen oder nicht", erzählt eine Person, die bei der Besprechung mit am Tisch saß. Stichwort: Maskenpflicht. Die beiden Mathematiker verlassen das Bundeskanzleramt schließlich mit dem Ersuchen, ihre Einschätzung am 29. März in ähnlicher Runde vorzutragen.

Die Zeit ist knapp. Und weil entsprechende Berechnungen immer besser werden, je mehr Detailkenntnisse einfließen, greifen Schachermayer und Beiglböck auf die Unterstützung von Kollegen zurück. Die Wahl fällt auf Philipp Grohs (Mathematiker mit Schwerpunkt Computational Sciences, Universität Wien), Joachim Hermisson (Mathematiker mit Schwerpunkt Biomathematik, Universität Wien) und Magnus Nordborg (Molekularbiologe und wissenschaftlicher Direktor des Gregor-Mendel-Instituts an der Akademie der Wissenschaften). Allesamt Forscher von tadellosem Ruf.

Drei Tage lang sammelt das Team Informationen, adaptiert international anerkannte Rechenmodelle auf österreichische Verhältnisse und fasst die Prognosen in einer neunseitigen „Executive Summary“[49] zusammen. Eine überarbeitete Version ist heute im Internet abrufbar.[50]

Einige Experten und Beamte in der Runde sind überrascht, als Schachermayer und Beiglblöck im Bundeskanzleramt die Erkenntnisse ihrer Gruppe mitsamt der „Executive Summary“ präsentieren, denn zu diesem Zeitpunkt deuten bereits einige Marker nach unten. Zum Beispiel, dass die Zahl der amtlich dokumentierten Neuinfektionen in den vergangenen vier Tagen von 1.063 auf aktuell 626 zurückgegangen ist: ein Rückgang von 41 Prozent innerhalb kürzester Zeit. Zwar raten ausnahmslos alle von einer gänzlichen Aufhebung einschränkender Maßnahmen ab, von einer Verschärfung aber ebenso.

Ebenfalls mit am Tisch sitzt Clemens Martin Auer, langjähriger Sektionschef im Gesundheitsministerium und zuletzt als Sonderbeauftragter des Ressorts im Zuge der Corona-Krise aktiv. Heute beschreibt er das Treffen im Kanzleramt so: „Was am Abend des 29. März passiert ist, war ein Tiefpunkt in der politischen Beratung. An dem Abend haben auch unsere Leute ihre Prognosen hergezeigt, die natürlich viel positiver gewesen sind.“ „Unsere Leute“, damit sind jene Experten gemeint, die überwiegend für das Gesundheitsministerium tätig waren, nämlich: Niki Popper (TU Wien), Stefan Thurner (Complexity Science Hub Vienna) und Herwig Ostermann (Gesundheit Österreich GmbH). „Popper hat in Anwesenheit des Kanzlers gesagt, dass Schachermayer den R-Wert falsch berechnet hat“, erzählt Auer. Eine Darstellung, die das Bundeskanzleramt heute bestreitet. In einer Stellungnahme dazu heißt es: „Es gab keine Hinweise darauf und Wahrnehmungen dazu.“

Der R-Wert, die Reproduktionszahl, wird seit der Pressekonferenz am 30. März regelmäßig als Begründung für diese oder jene Lagebeurteilung herangezogen. R steht für Reproduktion, also die Fortpflanzung des Virus. Die Basisreproduktionszahl, auch als R0 bezeichnet, beschreibt, wie viele andere Menschen ein Infizierter ohne jedwede kontaktbeschränkende Maßnahme im Durchschnitt ansteckt. Daraus lässt sich die Geschwindigkeit der Virusausbreitung ohne Gegenmaßnahmen berechnen. Beim neuartigen Coronavirus SARS-CoV-2 liegt $R_0$ laut unterschiedlicher Studien irgendwo zwischen 2,4 und 3,3. Zur Beurteilung der tatsächlichen Ausbreitung bei gesetzten Maßnahmen dient jedoch die effektive Reproduktionszahl $R_{eff}$ oder $R_t$.

Die Verwendung des R-Werts in diesem Expertenpapier ist in zweierlei Hinsicht nicht korrekt. Wenn davon die Rede ist, dass der „Replikationsfaktor $R_0$“ unter 1 gedrückt werden müsse, ist die effektive Reproduktionszahl $R_{eff}$ gemeint. Neben diesem Fehler semantischer Natur gingen die Experten außerdem von falschen Zahlen aus. Im Papier der Mathematiker sind zwei Grafiken enthalten, die unterschiedliche Prognosen für Intensivbettenbedarf und Opferzahlen zeigen. Die eine beschreibt die Entwicklung bei Fortschreibung der damals tagesaktuellen Ausbreitungsgeschwindigkeit, die andere jene zu Beginn der Ausgangsbeschränkungen. Die eine Kurve kratzt zum Jahresende an einem Wert von knapp 100.000 Toten. Die andere steigt auf ca. 130.000 Opfer. „Unter der realistischen Annahme $R_0 = 1,7$ wird unser Gesundheitssystem Mitte April zusammenbrechen“, heißt es in der Unterlage.

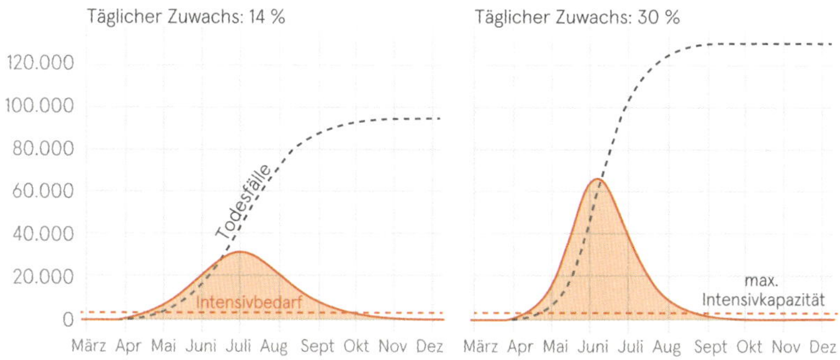


Entgegen der Behauptung war eine Annahme von 1,7 zu diesem Zeitpunkt allerdings keineswegs realistisch. Für den Abend der Sitzung im Bundeskanzleramt ist in den Daten der AGES eine effektive Reproduktionszahl von 1,34 vermerkt. Für den Abend davor 1,41. Für die Berechnung der Ausbreitung eines Virus in Form einer Exponentialfunktion macht das einen gewaltigen Unterschied. Zwar veröffentlichte die AGES am 27. März einen Artikel, der die Reproduktionszahl mit einem Wert von 1,81 beschrieb. Allerdings bezog sich dieser Wert auf die zwei Wochen vor dem Lockdown.[51]

Das Schreckensszenario erscheint aus einem weiteren Grund überzogen. Es wurde laut Annahme nämlich durchgängig mit einer Reproduktionszahl von 1,7 berechnet. Tatsächlich zeigte der Trend damals steil nach unten. Zu Beginn des Lockdowns lag $R_{eff}$ bei 2,98, am 30. März – wie beschrieben – bei 1,34. Eine Entwicklung, die, wie bereits erwähnt, am Morgen vor der Sitzung im Bundeskanzleramt auch Gesundheitsminister Anschober aufgefallen war und die er via Twitter im Internet verbreitete.

Auf Nachfrage wiederholte Niki Popper Mitte Mai seine inhaltliche Kritik an der Berechnung der Mathematiker: „Da wurden Annahmen getroffen, die wir so nicht getroffen hätten. Zum Beispiel auch, wie lange eine Person infektiös ist. Und es wurden Schlüsse gezogen, die ich aus Modellen nicht schließen würde."

Als problematisch sieht Popper heute auch, dass die Mathematiker ganz konkrete Empfehlungen für Handlungen formulierten, die die Politik setzen solle. „Ich habe der Regierung nie gesagt, ihr müsst jetzt diese oder jene Maßnahme setzen. Der Zugang von meinem Team und mir war eher der: ‚Seht her, ihr habt dies und das vorgeschlagen, das wirkt sich so und so aus.'"

Tatsächlich wenden sich die Mathematiker in ihrer ausgeteilten Unterlage direkt an die Politik. „An speziellen Maßnahmen geben wir noch folgende punktuelle Anregungen", steht da. Die Gruppe empfiehlt – unter anderem – „rigoroses Abmahnen bei Zuwiderhandlungen" gegen die bisherigen Maßnahmen, einen „stärkeren Einsatz von Gesichtsmasken" und „Tracking der Kontakte von Infizierten [...] unter Mithilfe von Handydaten".

Der Public-Health-Experte Martin Sprenger, zu diesem Zeitpunkt noch Mitglied im externen Beraterstab des Gesundheitsministeriums, gibt folgende Einschätzung: „Ende März war klar, dass das wichtigste Ziel des Shutdowns erreicht ist, unsere Krankenhäuser und Intensivstationen nicht überlastet werden. Spätestens da hätte die Deeskalation beginnen müssen, die Politik, aber auch die Regelversorgung vom Modus Rot auf Modus Gelb schalten müssen."[52] Stattdessen habe sich die Regierung neue Ziele gesetzt, meint er: die „Eliminierung des Virus", „die Senkung der Basisreproduktionszahl unter 1".[53]

Die Gruppe um Schachermayer und Beiglböck selbst hatte auf Anfrage kein Interesse daran, die Umstände ihrer Regierungsberatung (und das, was daraus gemacht wurde) näher zu beleuchten. Schachermayer ließ in einem Gespräch jedoch durchblicken, dass sich sein Team zu Unrecht für seine Arbeit kritisiert fühle, und dass damals vieles, was man heute weiß, noch „im Nebel" lag.[54]

Dabei dürfte das öffentliche Abhandeln des Papiers auch ihm keine Freude bereitet haben. Schachermayer und sein Team reichten letztlich nämlich eine überarbeitete Version ihres Papiers nach, das die Regierung später auf die Server von www.oesterreich.gv.at stellte. Der Link dazu[55] wurde an Journalisten verschickt. Darin hatten die Mathematiker ihre härtesten Formulierungen etwas abgeschwächt und das Papier um ein Vorwort ergänzt, in dem sie im Wesentlichen erklärten, dass diese „Tischvorlage" eigentlich nicht zur Veröffentlichung gedacht war.

Eine Person, die neben dem Rektor der Universität Wien, Heinz Engl, auf dem Papier als „Unterstützer" genannt wird, distanzierte sich sogar ausdrücklich von der Arbeit: Markus Müller. Der Rektor der Medizinischen Universität Wien berät seit Beginn der Krise die Taskforce des Gesundheitsministeriums. In einem persönlichen Gespräch erzählte er, dass er von Engl gebeten wurde, mit Schachermayer zu medizinischen Fragen zu telefonieren. Müller zufolge unterhielt man sich über Masken und die Reproduktionszahl. Wissenschaftlichen Input habe er jedoch nicht dafür geliefert. „Ich war irritiert, verblüfft und entsetzt, als ich das am Montag in der APA gesehen habe", sagt Müller.

Die APA, die Austria Presse Agentur, spielt in der Nachrichtenberichterstattung in Österreich eine wichtige Rolle. Sie stellt für praktisch alle Redaktionen im Land das nachrichtliche Grundgerüst zur Verfügung. Für die Regierung ist die APA während der Corona-Krise von ganz besonderer Bedeutung, um die großflächige Verbreitung von Informationen sicherzustellen. Von der Austria Presse Agentur ausgeschickte Informationen zur Corona-Situation finden sich zuverlässig wenig später in fast allen Medien des Landes wieder.

Einige Stunden nachdem die fünf Mathematiker ihre dramatische Sicht der Dinge im Bundeskanzleramt präsentiert haben, taucht in der APA die dazugehörige Unterlage in Form einer Meldung auf. Am 30. März um 9.44 Uhr, also etwas mehr als eine Stunde vor der Pressekonferenz von Kurz und seinen Ministern, schickt die Redaktion einen „Alarm“ aus: „Coronavirus-Prognose: Deutlich strengere Maßnahmen notwendig“.

In der Nachricht finden sich Sätze aus der „Executive Summary“. Zum Beispiel: „Wenn es nicht gelingt, rasch den Faktor R0 unter den Wert von 1 zu drücken, sind in Österreich zehntausende zusätzliche Tote und ein Zusammenbruch des Gesundheitssystems zu erwarten.“ Oder: „Keinesfalls dürfen Hoffnungen auf eine baldige Lockerung der Restriktionen geweckt werden. Wahrscheinlich benötigt dies deutlich strengere Maßnahmen als derzeit in Kraft sind.“[56]

Ebendiesen Empfehlungen wird der Bundeskanzler nur knapp eine Stunde später mit drastischen Worten („Ruhe vor dem Sturm“) nachkommen.

Interessant in diesem Zusammenhang sind Dokumente aus dem Inneren des Krisenstabs des Innenministeriums. Ebendort tagte zu jener Zeit, in Sichtweite des Bundeskanzleramts und nur durch den Minoritenplatz voneinander getrennt, das Staatliche Krisen- und Katastrophenmanagement (SKKM). Um 8.30 Uhr gab es die tägliche Lageinformation für alle Anwesenden. Der Verantwortliche für das mediale Lagebild vermerkte um 8 Uhr für diesen Tag:

„Mediale Berichterstattung: Weitere Verschärfungen; Maskenpflicht in Supermärkte?“ (sic)

All das knapp zwei Stunden vor der Exklusivmeldung der APA

über die Empfehlungen aus dem Schachermayer-Beiglböck-Papier. Und drei Stunden, bevor Kurz und seine Minister ihre Pläne in der Pressekonferenz verkünden.

Damit konfrontiert, antwortet das Bundeskanzleramt: „Es wurde entschieden, aus Transparenzgründen die Unterlagen aus dem Expertengespräch der Öffentlichkeit zugänglich zu machen." Eine Entscheidung, die jedenfalls nicht mit den Autoren Schachermayer und Beiglböck abgesprochen war, die von Vertraulichkeit ausgingen. Und eine Begründung, die fragwürdig erscheint; denn kurz vor der entscheidenden Pressekonferenz ging nur die drastischste Prognose an den wichtigsten Nachrichtenkanal des Landes, alle anderen nicht. Andere Ministerien, etwa das Gesundheitsressort, machten Dokumente im Sinne der Bürgerinformation über die eigene Website zugänglich.

Während die APA also die dramatische Prognose an alle Redaktionen verschickt, spricht Sebastian Kurz in der Pressekonferenz von der „Ruhe vor dem Sturm".[57] Er führt aus: „Ich halte es für ein großes Problem, dass es viele Verharmloser gibt. Auch unter den Experten, die sagen: So schlimm wird es wohl nicht werden." Anschließend verkündet er gemeinsam mit Kogler, Anschober und Nehammer unter anderem die Maskenpflicht in Supermärkten, Handschuh-Tragepflicht für Angestellte im Lebensmittelhandel, einen Erlass für Stoßzeiten im Supermarkt, der nur noch Einzelpersonen das Eintreten erlaubt, die verpflichtende Freistellung von der Arbeit für Mitglieder von Risikogruppen und das Verbot der touristischen Nutzung von Hotels. Der Kanzler macht deutlich: „Wir müssen die Ausbreitung deutlich stärker und weiter drücken." Die konsequente Einhaltung der Maßnahmen sei deshalb unbedingt nötig. Da gebe es „Nachschärfungsbedarf".

Was das bedeutet, erklärt Innenminister Karl Nehammer. Er wählt dramatische Worte: „Danke den Polizisten, die mit großem Einsatz dafür Sorge tragen, dass die, die sich nicht daran halten und zu Lebensgefährdern werden, zur Ordnung gerufen werden. Man muss es so drastisch sagen. Halten Sie sich bitte an den Abstand. Wer das nicht tut, wird in Zukunft konsequent angezeigt."

Während der Pressekonferenz gibt Vizekanzler Werner Kogler noch einen Hinweis auf die Hintergründe der Verschärfung der Gangart, der es nicht in die Reihe der Schlagzeilen schafft: „Wenn wir den Experten zuhören, dann bin ich dafür, dass wir uns an jenen orientieren, die die dramatischeren Szenarien zeichnen, das verstehe ich darunter, Verantwortung wahrzunehmen."

Dabei musste man nicht einmal Mitglied vertrauensvoll tagender Expertenrunden sein, um das Gesagte bemerkenswert zu finden. Bereits vier Tage vor dem öffentlichen Auftritt von Kurz und seinen Ministern veröffentlicht der für Wien, Niederösterreich und das Gesundheitsministerium tätige Simulationsexperte und Mathematiker Niki Popper die aktualisierten Berechnungen seines eigenen Teams und macht sie auf der Website der Technischen Universität Wien öffentlich. Seine Kernaussage: „Eine weitere Verschärfung der Maßnahmen für alle wäre nicht sinnvoll. Empfohlen wird, in den nächsten Wochen und Monaten die Maßnahmen schrittweise zurückzunehmen."[58]

Dass die Maßnahmen bereits deutlich Wirkung zeigen, bestätigt in dieser Phase der Pandemie auch der Physiker und Komplexitätsforscher Stefan Thurner (Complexity Science Hub Vienna) in seinen Berechnungen.[59]

Ebenfalls weg von der Scharfmacher-Kommunikation will der Infektiologe Franz Allerberger. Bei der staatseigenen Agentur für

Gesundheit und Ernährungssicherheit (AGES) leitet er den Bereich Öffentliche Gesundheit. Vorher war der Universitätsprofessor mit Public-Health-Ausbildung an Universitäten in Innsbruck, Salzburg und an der Johns Hopkins University in Baltimore/USA tätig. Er stellt viele Maßnahmen als übertrieben dar und sagt, dass das Coronavirus „keine Flügel" habe, mit dem es „in Bundesgärten" (diese hielt die Regierung lange geschlossen) „oder auf Skipisten" (auch Wintersport wurde untersagt) „herumfliege".

Trotzdem, am Abend des 30. März, nach der beachteten Pressekonferenz, erhöht Sebastian Kurz in einem Interview mit dem ORF ein weiteres Mal den Druck mit den Worten: „Bald wird jeder von uns jemanden kennen, der an Corona gestorben ist."

Dafür, dass die Regierung entgegen stark positiver Trends auf das Verbreiten von Schreckensszenarien gesetzt hat und die Bevölkerung nicht mit dem gleichen Elan über bereits Erreichtes informiert hat, hat sie nie eine Begründung abgegeben. Martin Sprengers Eindruck ist: „Die Politik hat sich nach der Abwehr der Bedrohung wieder der Politik zugewandt, und da geht es um Wählerstimmen, also es geht nicht mehr um das Coronavirus, sondern es geht um Wählerstimmen, und das passiert seit Anfang April."[60]

Nach Angaben von Sebastian Kurz hat sich die Regierung bei ihrer Entscheidung für den Lockdown an internationalen Vorbildern orientiert. Der Austausch mit dem israelischen Premierminister Benjamin Netanyahu soll ihn dabei maßgeblich beeinflusst haben. Der israelische und der österreichische Regierungschef haben eine Gemeinsamkeit: eine Verbindung zur Boston Consulting Group. Vor seiner Karriere in der Likud-Partei war Netanyahu als Berater bei Boston Consulting tätig. Die ehemalige Geschäftsführerin von Boston Consulting Österreich, Antonella Mei-Pochtler, ist nun Strategieberaterin von Sebastian Kurz, ihr Stellvertreter Stephan Rihs hat ebenso die Station BCG im Lebenslauf stehen. Gemeinsam mit dem Adjutanten von Bundespräsident Alexander Van der Bellen, Thomas Starlinger, koordiniert Mei-Pochtler eine Expertenplattform, die die Republik auf dem Weg aus der Corona-Krise beraten soll. Die Gruppe hat sich den unhandlichen Namen „COVID-19 Future Operations Clearing Board“ gegeben. Mit an Bord: die Boston Consulting Group. Auch der Kabinettschef von Sebastian Kurz, Bernhard Bonelli, war vor seinem Wechsel in die Politik bei der BCG tätig.

In einem Interview für ServusTV Anfang Juni[61] ging Sebastian Kurz auf den Vorwurf ein, dass er und sein Team den Lockdown bewusst in die Länge gezogen haben könnten. „Sie werden doch nicht glauben, dass eine Bundesregierung ein Interesse daran hat, dass der Stillstand länger ist, als er sein müsste. Das ist absurd, und das wäre auch nicht erfolgreich“, sagte er.

Geschadet hat das Vorgehen dem Kanzler jedenfalls nicht. Ende Mai veröffentlichte das Linzer Market Institut in diesem Zusammenhang eine interessante Umfrage unter tausend Wahlberechtigten. Seit Beginn der Corona-Krise fragen die Meinungsforscher die Stimmung in der Bevölkerung ab. Zuletzt zeigte sich, dass die Sympathien für Sebastian Kurz mit der Intensität der persönlichen Sorgen korrelierten. Waren diese groß, gaben 43 Prozent der Befragten an, Kurz bei Möglichkeit einer Direktwahl des Kanzlers ihre Stimme geben zu wollen. Mit dem Rückgang der Sorgen sank auch die Zustimmung für Kurz. Ende Mai auf eben „nur“ noch 33 Prozent.

# Am Höhepunkt der Pandemie: Leere Spitäler

April
3
Österreich

11.224 bestätigte Fälle
203 Todesfälle

In der öffentlichen Darstellung zumindest befindet sich das Land im Auge des Pandemie-Orkans. Mit 9.193 akut Erkrankten markiert der Tag den absoluten Höhepunkt. 245 von insgesamt etwa 2.500 Intensivbetten in Österreich sind mit COVID-19-Patienten belegt. Wenige Tage später wird auch hier der Höhepunkt mit 267 benötigten Beatmungsplätzen erreicht sein.

Das Mathematiker-Papier aus dem Bundeskanzleramt schafft es noch einmal zu einer Spitzenmeldung. Dieses Mal ist es die *Kleine Zeitung*. Auf der Titelseite steht: „Es drohen der Zusammenbruch des Gesundheitssystems und Massentod."

Gleichzeitig blicken Bevölkerung und Medien mit Spannung ins Parlament. Vor dem Nationalrat will die Regierung eine Erklärung abgeben. Sie wird live auf allen verfügbaren Kanälen übertragen. Um 12.24 Uhr erteilt Nationalratspräsident Wolfgang Sobotka seinem Parteifreund und Bundeskanzler Sebastian Kurz das Wort.

Kurz bedankt sich bei vielen. Bei der Bevölkerung, die geschlossen mitziehe, bei seinem Regierungsteam, das sein Bestes gebe. Und er bedankt sich bei allen anderen Parteien, die, trotz zwangsläufig oft unterschiedlicher Positionen, konstruktiv mitarbeiten.

Der Plenarsaal ist nur spärlich besetzt: Wegen der Krisenlage und der Ansteckungsgefahr wurde nur die Hälfte der Abgeordneten einberufen. Eine der Kameras schwenkt aus der Perspektive der Regierungsbank über die Plätze der Abgeordneten. Am Rednerpult steht eine Plexiglasscheibe, einige Abgeordnete tragen Masken.

Der Glaube an ihre Wirksamkeit scheint von der Parteizugehörigkeit abhängig zu sein. Ganz rechts, dort, wo die Mitglieder des ÖVP-Klubs sitzen, tragen ausnahmslos alle Abgeordneten einen Mund-Nasen-Schutz. Der angrenzende Block der FPÖ-Abgeordneten ist praktisch maskenfrei. Auch bei den NEOS und der größten Oppositionspartei, der SPÖ, trägt kaum jemand Maske; bis auf Klubobfrau Pamela Rendi-Wagner, selbst Medizinerin, Expertin für Epidemiologie und Public Health.

Zwischen NEOS und SPÖ sitzen noch die Abgeordneten vom Koalitionspartner der ÖVP: Bei den Grünen ist eine ähnlich hohe Maskendichte wie bei der Volkspartei zu beobachten.

Der Bundeskanzler bedankt sich in seiner Rede nicht nur. Er gibt auch einen Ausblick. Auf das Osterwochenende zum Beispiel, das in knapp zehn Tagen ansteht. Dieses, er hebt seine Stimme dabei an, bereite ihm Sorgen. Ausgedehnte Familienbesuche könnten nämlich den guten Weg durch die Krise gefährden. Außerdem sagt er, dass Österreich bisher besser als viele Länder durch die Pandemie gekommen sei, und verspricht, dass das so bleiben werde, wenn alle mitziehen. Als Beispiel dafür, was passiere, wenn nicht alle mitziehen, nennt er einmal mehr Italien.[62] Viele Male haben Kurz, seine Minister, Abgeordnete von ÖVP und Grünen dieses Beispiel in den vergangenen Tagen strapaziert. Viele Male wurde es von Medien aufgegriffen. „In Italien sind mittlerweile über 14.000 Menschen in den letzten Wochen aufgrund des Coronavirus verstorben."

Worauf der Bundeskanzler in seiner Rede nicht einging: Bevölkerungsstruktur, Gesundheitssystem, soziales Leben und politische Entscheidungen in Italien waren zu keinem Zeitpunkt mit Österreich vergleichbar. Ein Staat, der sich Experten, Universitäten, Forschungseinrichtungen und Gesundheitsagenturen hält, hätte das wissen müssen. Im Zuge von Recherchen stellte sich heraus: Das war auch so. Nur öffentlich gesagt hat das keiner.

## Warum Österreich nie wie Italien war

Bilder aus Intensivstationen in Bergamo, Videos von sich stapelnden Särgen: Die Eindrücke, die trotz geschlossener Grenzen über die digitalen Kanäle von Italien nach Österreich und in den Rest der Welt gelangten, beeindruckten. Alle.

In einem Interview mit der Financial Times[63] berichtete die Strategieberaterin des Bundeskanzlers, Antonella Mei-Pochtler, davon, wie sich Sebastian Kurz' Einschätzung der Lage entwickelt haben soll. Basis hierfür soll eine Videokonferenz mit Ärzten aus der Lombardei gewesen sein, an der sie in der ersten Märzwoche selbst teilnahm. „Diese Art des Gesprächs war super wichtig. Über das einfache Lesen zu diesem Thema hinaus ist nichts damit vergleichbar, wenn man selbst mit Menschen spricht, sie dabei auf dem Bildschirm sieht und ihr Gefühl von Dringlichkeit erkennt. Das prägte viele unserer Entscheidungen." Eine Äußerung der Ärzte dürfte sie besonders beeindruckt haben: „Sie sagten, dass das, was sich in der Lombardei abspiele, wie Krieg sei." Und sie behauptete ebenfalls, dass diese Informationen entscheidend für das Denken des Kanzlers zum Thema gewesen wären.

Unter dem Einfluss der Bilder aus Italien standen auch diejenigen, die die hierzulande besonders strengen Gesetze beschlossen und nicht einmal ausführlich darüber debattierten, ob das Vorgeschlagene mit der geltenden Verfassung in Einklang stehe. „Wir waren alle geprägt davon", erinnert sich der NEOS-Abgeordnete

Gerald Loacker. Italien, Italien, Italien. Das seien die Argumente der Regierung dafür gewesen, dass die Gesetze, die den Lockdown in seinen Details regelten, schnell verabschiedet werden mussten. Am besten einstimmig, also mit Unterstützung der Oppositionsparteien. „Diese Bilder aus Bergamo haben uns regelrecht erschlagen“, erzählt auch die FPÖ-Mandatarin Susanne Fürst von jenen Tagen.

Wöchentliche Sterbefälle in der Lombardei im Vergleich zu Österreich

Anzahl gestorbener Personen pro Woche im Jahr 2020 im Vergleich zum langjährigen Durchschnitt

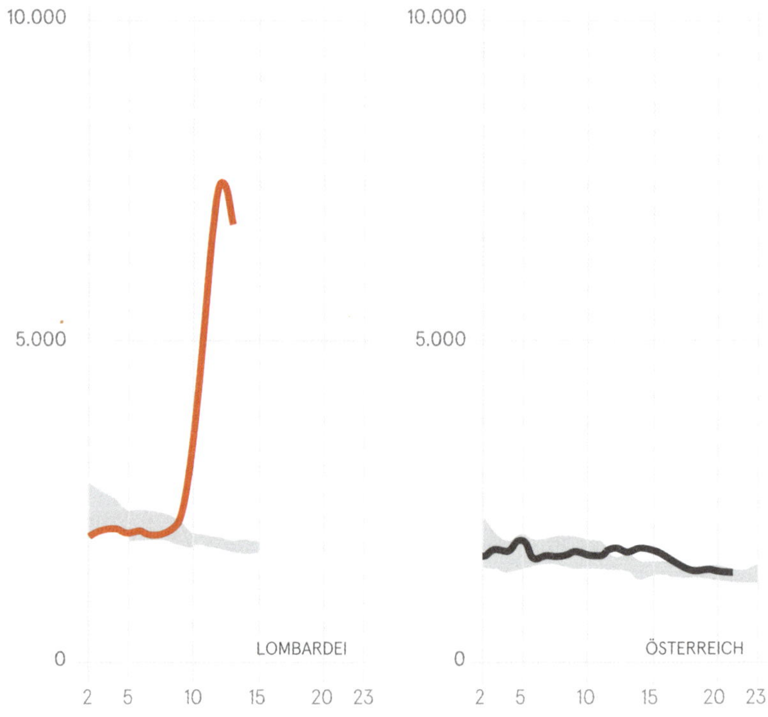

Vergleicht man jedoch Gesundheitssystem und Lebensumstände der Bevölkerung in Italien und Österreich, wird klar, dass in Österreich niemals Verhältnisse wie in Italien gedroht haben und daher das Schüren von Angst vor ebensolchen nicht berechtigt war. Die Regierung war darüber von ihren eigenen Experten informiert worden.

Am 12. März zum Beispiel. Am frühen Abend trifft sich im Gesundheitsministerium der Beraterstab der Taskforce Corona.[64] Die Gäste sind hochrangig: Bundeskanzler Kurz, Vizekanzler Kogler, Gesundheitsminister Anschober und Innenminister Nehammer. Laut Protokoll informiert der ärztliche Direktor des Wiener Krankenanstaltenverbundes, Michael Binder, zunächst darüber, warum es in manchen italienischen Gebieten drunter und drüber gehe: weil Personen mit Symptomen in die Kliniken gekommen seien, dort viele andere, vor allem ältere Menschen, angesteckt hätten. Ein Risiko, das Österreich bereits in einer frühen Phase der Pandemie mit der Einrichtung der Hotline 1450 erkannt und damit deutlich reduziert hat. Seit Ende Februar wird Personen mit Symptomen empfohlen, dort anzurufen, und ausdrücklich davon abgeraten, in eine Ambulanz zu gehen.

Im weiteren Verlauf der Besprechung geht laut Aufzeichnungen Günter Weiss noch einmal gesondert auf Italien ein. Weiss ist Direktor der Universitätsklinik für Innere Medizin in Innsbruck und befindet sich zum Zeitpunkt der Besprechung bereits mitten in einem Krisengebiet. Deshalb ist er auch via Internet zugeschaltet. Gemäß Niederschrift geht er in seiner Äußerung auf die Frage ein, was Österreich von Italien unterscheide. Dort, sagt er, sei die Lage erst bei einer großen Zahl von Erkrankten realisiert worden. Nachsatz: Zumindest in Tirol sei mit vielen unentdeckten Fällen zu rechnen.

Dass Italien eben nicht mit Österreich vergleichbar ist, will auch Niki Popper mehrfach im Rahmen der Besprechungen des Expertenbeirats, aber auch in anderen Gesprächskonstellationen gesagt haben. „Gegen diese Aussage habe ich mich immer verwehrt. Und es dann so formuliert: ‚Wenn Österreich Italien wäre, dann wären wir auch schon viermal Fußballweltmeister geworden.' Aber die Krisenkommunikation der Regierung ist eine Baustelle, die sich mir nicht erschließt."[65]

Die Wissenschaft (und damit die Bundesregierung) wusste also, warum sich Italien fundamental von Österreich unterscheiden muss. Popper erklärt das so: „Die Art und Weise, wie sich das Virus im einzelnen Menschen verhält, ist im Prinzip überall auf der Welt gleich. Das Wirken des Virus in einer Gesamtbevölkerung unterscheidet sich jedoch deutlich. Dies deshalb, weil das von Alter, Geschlecht, Gesundheitszustand, Bevölkerungsstruktur und mehr abhängt. In Italien zum Beispiel geht man davon aus, dass es dort sehr viel mehr homogene Familiennetzwerke gibt als bei uns. Dort leben Familien oft im Großverbund zusammen, Kinder, Eltern, Großeltern. Diese Unterschiede kennen wir."

Es erscheint auch problematisch, mit Bildern, Videos, Daten und auch jener Videokonferenz zu argumentieren, von der Antonella Mei-Pochtler der *Financial Times* berichtete, denn: Die beeindruckenden, furchteinflößenden, streckenweise auch chaotischen Eindrücke stammen fast ausnahmslos aus der Lombardei. In der Region, die Hauptstadt ist Mailand, leben 10 Millionen Menschen auf einer Fläche zusammen, die nicht einmal einem Drittel jener Österreichs entspricht. Bei einem Blick in die Opferbilanz (Stichtag: 31. Mai) fällt auf: 16.012 Corona-Tote, das ist die Hälfte der Gesamtopfer Italiens, verteilen sich auf ein Sechstel aller Einwohner unseres Nachbarlandes. 18 von 100 entdeckten Erkrankten in der Lombardei erlagen dem Virus. Zum Vergleich: In der Nachbarprovinz Venetien waren es zehn von 100, in Österreich vier von 100.

Diese Werte darf man allerdings nicht mit einer „echten“, nämlich seriös berechneten Fallsterblichkeit vergleichen. Hierfür müsste man die vergleichsweite gut dokumentierte Zahl der Toten jenen Menschen gegenüberstellen, die auch tatsächlich infiziert waren/sind. Aufgrund der hohen Dunkelziffer ist diese jedoch nicht bekannt. Hierfür bräuchte es flächendeckende, vor allem aber zuverlässig funktionierende Antikörpertests, die feststellen, ob das Immunsystem der betroffenen Person einmal Kontakt mit dem neuen Coronavirus hatte.

Dennoch: Der hohe Sterblichkeitsunterschied innerhalb Italiens ist ein starkes Indiz dafür, dass dort, vor allem aber in bestimmten Regionen, einiges anders und wenig vergleichbar mit Österreich war. Und dass die Höhe der Fallsterblichkeit entscheidend davon abhängt, welche Personen auf das Virus getestet werden, und wie präzise die Statistik unterscheidet, ob jemand mit dem Coronavirus verstorben ist, oder an ihm (siehe Kapitel **Die Datenkrise**).

Während in Österreich früh Besuchsverbote für Spitäler ausgesprochen wurden (der Wiener Krankenanstaltenverbund und das AKH schlossen ihre Türen mit 12. März), kamen in der Lombardei lange Zeit Angehörige und Erkrankte in die Ambulanzen und steckten dort sich selbst, andere Patienten und viel Personal an, das anfangs über wenig Schutzkleidung verfügte. In der Beurteilung der Lage passierte der Regionalregierung noch ein weiterer fataler Fehler: Während die wenigen Intensivbetten des Landes bereits überbelegt waren, ordnete man per Erlass an, dass Personen mit milden

Krankheitsverläufen aus Spitälern in Pflegehäuser für ältere Menschen überstellt werden sollten. Eine Entscheidung, die sich später als eine Art pandemischer Brandbeschleuniger erweisen sollte, da vor allem vorerkrankte alte Menschen besonders gefährdet sind, schwere Symptome bis hin zum Tod zu entwickeln.

Der Sturm auf die Spitäler fand in Österreich nie statt, weil viele Leichterkrankte sich zunächst an die Hotline 1450 wandten. Auch die Problematik in Pflegeheimen und Ambulanzen war in Österreich früh bekannt. Vor allem aber waren die Kapazitäten erheblich größer. Österreich kann pro 100.000 Einwohner etwa 29 Intensivbetten zur Verfügung stellen. Das ist nach Deutschland (33) der höchste Wert aller OECD-Staaten. Italien liegt mit neun Plätzen pro 100.000 am unteren Ende, die Lombardei mit sieben pro 100.000 regional noch einmal unter diesem Schnitt. Dabei wäre selbst dieser Wert in Österreich ausreichend gewesen. Er entspräche, umgelegt auf hiesige Verhältnisse, 623 verfügbaren Plätzen. Der Höchststand von Corona-Patienten auf Intensivstationen betrug bundesweit jedoch 267.

Auch bei Normalbetten ist die Versorgungsdichte in Italien vergleichsweise niedrig. Pro 100.000 Einwohner sind es 340. Das als überausgestattet geltende Österreich steht auch in dieser Kategorie mit 740 Betten pro 100.000 Einwohner an vorderster Stelle.

Zudem galten italienische Spitäler bereits vor der COVID-19-Katastrophe als „gefährlicher" als andere. Dort sind nämlich Krankenhauskeime ein ernstes Problem. Die letzten vorliegenden Daten dazu stammen aus dem Jahr 2015. Damals starben 10.762 Personen an solchen Keimen. In Österreich waren es damals 276, im zehnmal bevölkerungsreicheren Deutschland 2.363. Diese Keime können mit Coronaviren eine lebensgefährliche Kombination bilden, denn Coronaviren greifen das tiefe Lungengewebe bis in die Lungenbläschen an. Das geschädigte Gewebe bietet eine ideale Angriffsfläche für Bakterien und andere Keime. Je höher die Keimbelastung, desto größer die Gefahr einer zusätzlichen Infektion.

Das sind alles Daten, die Österreichs Regierung von Anbeginn bekannt gewesen sein mussten, ebenso wie jene, die die Struktur und andere Parameter zur Gesamtbevölkerung beschreiben. So hat Italien knapp nach Japan (48,4) die älteste Durchschnittsbevölkerung der Welt (47,3). Österreich kommt auf 43,5 Jahre.

Dazu kommt, dass in Italien oft mehrere Generationen unter einem Dach leben. Das löst einerseits viele Probleme bei der Betreuung von Kindern und lässt die Großeltern-Generation seltener vereinsamen. Im Fall der Coronavirus-Pandemie jedoch erschwert es den Schutz der Risikogruppe enorm. Fast ein Viertel aller 30- bis 49-Jährigen lebt in Italien mit den eigenen Eltern unter einem Dach, zusammen mit den eigenen Kindern. In Österreich tun das gerade einmal fünf Prozent.

## Kritiker unerwünscht

April
6
Österreich

12.058 bestätigte Fälle
268 Todesfälle

Die ersten zwei Wochen des Lockdowns waren von großer Einigkeit geprägt. Zu viel Einigkeit, wie Kritiker meinen: sowohl im Verhältnis zwischen Politik und Medien als auch innerhalb der sonst oft unversöhnlich erscheinenden Parteienlandschaft. In Woche drei des nationalen Stillstands sind jedoch die ersten Misstöne im bisher so harmonischen Konzert der Minister, Medien und Experten zu hören. Ein sehr deutlicher ist der von Martin Sprenger.

Der Mediziner und Experte für Public Health aus Graz äußert sich am 6. April öffentlich sehr kritisch zum nach wie vor restriktiven Kurs der Regierung.[66] Er sagt, dass es viele positive Zeichen gebe, man spätestens zu Ostern beginnen müsse, das Land wieder in Fahrt zu bringen: um Schäden zu begrenzen, die der Lockdown nicht nur an der Wirtschaft, sondern an den Menschen anrichte: durch ein niedergefahrenes Gesundheitssystem, in Form von psychischen Folgen und verlorener Lebensqualität.

Eine von Sprengers zentralen Aussagen ist, dass ein zu langer Lockdown erheblich mehr gesunde Lebensjahre kosten könne als durch das Coronavirus selbst hervorgerufene Gesundheitsschäden. Sprenger empfiehlt, schon sehr bald auszuprobieren, welche Maßnahmen wo und in welchem Ausmaß zurückgenommen werden können; kritisiert, dass die Republik nicht die Möglichkeit nutze, mehr Daten zum Virus zu erheben und diese Interessierten zugänglich zu machen. Vor allem hinterfragt er die Kommunikation der Regierung, die selbst Tätigkeiten im Freien als Gefahr sehe. „Ich kann mir nicht vorstellen, dass es bei Einhaltung von einem Meter Abstand zu Infektionen im Freien kommt. Darum halte ich auch alle Einschränkungen der Bewegung im Freien, das Schließen von Parks und Wandergebieten für falsch und nicht nachvollziehbar."

Außerdem sagt er: „Wenn wir es schlau machen, dann geht meiner Meinung nach viel mehr, als uns die Politik derzeit weismachen will. Vielleicht muss man es irgendwo wieder zurücknehmen, wenn man sieht, da habe ich ein, zwei Schritte gemacht, die unerwünschte Effekte zeigen. Aber eines ist sicher: Die Wirtschaft beleben und die Eltern von Betreuungsaufgaben zu entbinden, muss zeitgleich passieren. Daran führt kein Weg vorbei. So wie an der Notwendigkeit einer wissensbasierten Exit-Strategie. Die Zukunft ist ein schmaler Grat, aber mit etwas Balancegefühl ist er gut begehbar."

Sprengers Durchbrechen der öffentlichen Harmonie durch sachliche Kritik wird noch am selben Tag von mehreren Medien aufgenommen; auch deshalb, weil seine Stimme Gewicht hat. Zu diesem Zeitpunkt ist er noch Mitglied des Beraterstabs der Taskforce Corona, die insbesondere Gesundheitsminister Rudolf Anschober berät.

Wenige Stunden nach der Veröffentlichung von Sprengers Kritik findet im ORF-Fernsehen ein weiteres Interview mit Sebastian Kurz statt. Darauf angesprochen, dass der Mediziner und Public Health-Experte aus Graz insbesondere mit den Ausgangsbeschränkungen im Freien wenig anfangen könne, antwortet der Kanzler:

„Es ist legitim, dass jemand diese Meinung vertritt. Ich habe eine andere. Ich habe Gott sei Dank am Anfang auch den Experten nicht geglaubt, die Corona mit der Grippe verglichen haben, ich habe Gott sei Dank all jenen nicht geglaubt, die gesagt haben, Masken bringen gar nichts. Ich habe Gott sei Dank all jenen nicht geglaubt, die gesagt haben, wenn man kürzer als 15 Minuten Kontakt hat, dann kann man sich nicht anstecken, weil all das hat sich als falsch herausgestellt. [...] Insofern würde ich sagen, der Erfolg bisher zeigt, wir sind auf einem guten Weg, gehen wir doch bitte diesen guten Weg weiter und stellen wir ihn nicht infrage."[67]

Martin Sprenger tut das dennoch und äußert sich im Lauf der Krise ab diesem Zeitpunkt immer wieder kritisch. „Um seine bürgerliche und wissenschaftliche Meinungsfreiheit zu bewahren", legt er zwei Tage später seine Funktion im Expertenbeirat des Gesundheitsministeriums zurück.

Der Lockdown war wichtig, um Zeit zu gewinnen, sagt Martin Sprenger, unter anderem, um Daten zu sammeln. Diese Zeit sei aber nicht genutzt worden.

## Die Datenkrise

Die Coronavirus-Krise hat offenbart, wie wenig die obersten Stellen der Verwaltung oft über teure Infrastrukturen wissen. Wie schwierig es selbst in einem kleinen Land wie Österreich sein kann, relevante Informationen in Form von Daten zu sammeln, um daraus Schlüsse zu ziehen. Und die Krise zeigte auch, wie selten die Politik dazu bereit ist, diese Daten zum Zweck der Transparenz und Nachvollziehbarkeit einerseits mit der Öffentlichkeit, andererseits aber auch mit der Wissenschaft zu teilen.

Offenbar wird das Dilemma an einer Äußerung von Sebastian Kurz. Am Dienstag nach dem Osterwochenende sagt er: „Sollten sich die Zahlen in die falsche Richtung entwickeln, dann ziehen wir die Notbremse." Die „falsche Richtung" auch zu erkennen, war jedoch schwierig. Insbesondere auf Basis der zwei wichtigen Werte für Infektionen und Sterbefälle.

Die überwiegende Mehrheit der Infizierten zeigt nämlich einen milden Verlauf oder verspürt nicht einmal Symptome. Das zeigten breit angelegte Testreihen aus Island. Hierzulande wurden in der Regel jedoch nur mittlere bis schwere Verläufe untersucht.

Zu tun hat das auch damit, dass die angestrebte Zahl von 15.000 Tests pro Tag nicht im Entferntesten erreicht wurde. In der ersten Woche des Lockdowns schafften die Behörden und die ihnen zuarbeitenden Labors zwischen 1.800 und 3.000 Tests pro Tag. Später steigerten sie die Kapazität auf Werte zwischen 3.000 und 9.000.

Zudem werden mit der angewandten Methode systembedingt positive Fälle übersehen. Die eingesetzten PCR-Tests (PCR steht für Polymerase Chain Reaction, also Polymerase-Kettenreaktion) erkennen erstens in der Frühphase der Erkrankung das Virus häufig nicht und schlagen auch nicht aus, wenn jemand COVID-19 bereits hinter sich hat. Wie viele Personen als infiziert erkannt werden, beeinflusst auch den Wert für die Fallsterblichkeit, also die rechnerisch ermittelte Gefährlichkeit von SARS-CoV-2.

Für die Toten gibt es zwei offizielle Zählungen: eine der Krisenstäbe der Bundesländer, die das Innenministerium täglich zusammengefasst publiziert; eine zweite, die sich aus dem Epidemiologischen Meldesystem (EMS) speist. Einerseits melden die Länder also Todesfälle mitunter schon, bevor die Amtsärzte in den Bezirken sie im EMS registrieren. Andererseits unterscheiden sie sich darin, dass das Gesundheitsministerium „am Coronavirus Verstorbene" publizieren möchte, das Innenministerium aber eine weiter gefasste Definition von „mit dem Coronavirus verstorbene" Personen verwendet. Welche Zahl genauer ist, lässt sich nicht eindeutig sagen. Vielfach handelt es sich bei den Erkrankten um Patienten mit mehreren Erkrankungen. Was nun die Todesursache ist, obliegt der Beurteilung des Amtsarztes. Dazu kommt, dass insgesamt nur wenige Obduktionen durchgeführt wurden, die das Wissen darum, ob jemand tatsächlich am Virus verstorben ist, weiter präzisieren könnten.

Dass es für Österreich zwei unterschiedliche Zählweisen für Todeszahlen gab, zeigt, wie die Daten zur politischen Entscheidungsfindung beschaffen sind. Wichtige Parameter – etwa Alter, Geschlecht und Vorerkrankungen von hospitalisierten Patienten – lagen dem Gesundheitsministerium in den ersten Wochen der Krise nicht strukturiert vor. Dabei zeigten zahlreiche internationale Vorbilder, wie umfangreiche Datenerhebung und -veröffentlichung aussehen kann. Eine Folge davon war auch, dass Wissenschaftler keine detaillierten Daten zur Forschung hatten und die Öffentlichkeit keinen Zugang zu essenziellen Informationen zur Meinungsbildung. Zusätzlich zu jenen Kennzahlen, die wegen ihrer Methodik wenig belastbar sind, hatte die Bundesregierung also das Problem, dass wichtige Indikatoren zur Entscheidungsfindung nur dezentral in den Bundesländern bzw. bei Ärzten und Krankenhäusern vorlagen: Intensivkapazitäten zum Beispiel. Im ungleich größeren Deutschland war das anders. Dort meldeten die Spitäler ihre Kapazitäten tagesaktuell in das Intensivregister. Auf drei Ebenen: Intensivbetten mit Beatmungsmasken, Intensivbetten für schwere Fälle und invasive Beatmung sowie Intensivbetten mit „künstlicher Lunge", der sogenannten Extrakorporalen Membranoxygenierung. Für jeden dieser Bereiche war wenige Wochen nach dem ersten Fall bekannt, ob sie ausgelastet waren, es Engpässe oder freie Kapazitäten gab. Der Austausch unter den Kliniken sollte dadurch erleichtert werden. In Österreich hingegen wurde publiziert, wie viele Normal- und Intensivbetten belegt waren und wie viele Betten es bundesweit gab. Eine Aufschlüsselung nach Bundesland oder nach Standort der Klinik war nicht vorhanden. Zudem waren sie nicht präzise, wie die zuvor beschriebene Abweichung bei den Beatmungsgeräten zeigt.

In Schweden lagen der Regierung die Daten aus den Intensivstationen zudem in hoher Detailtiefe vor. Wie in Deutschland wurde erstens zentral eingemeldet, zweitens aber auch erhoben, welche Patienten dort lagen, wie alt sie waren, wie viele Vorerkrankungen sie hatten und wie lange die Patienten auf der Intensivstation blieben. In Österreich wurde nur die Zahl der Personen, die intensivmedizinische Betreuung benötigten, auf Ebene der Bundesländer veröffentlicht. Demografische Informationen bzw. zur Vorgeschichte der Erkrankten wurden nicht zentral gesammelt.

Dass auf Basis geringer Evidenz sehr harte Maßnahmen getroffen wurden, kritisierten im Lauf der Krise mehrere Experten. Wie Martin Sprenger verfolgt auch Andreas Sönnichsen, der Leiter der Abteilung für Allgemein- und Familienmedizin an der Meduni Wien, den Public-Health-Ansatz, beurteilt Maßnahmen zur Erhaltung der Gesundheit weniger individuell, sondern nach ihrer Wirkung auf die Gesamtbevölkerung. Ebenfalls Anfang April äußerte er sich mehrfach öffentlich dazu, dass in vielen Details verlässliche Zahlen fehlen würden und man dafür überproportional hohe Begleitschäden in der Bevölkerung in Kauf nehme.[68]

Gesundheitsminister Anschober bezeichnete Sönnichsens Äußerungen als „verantwortungslos“. Die Meduni Wien, Sönnichsens Arbeitgeber, distanzierte sich via Facebook von ihrem eigenen Professor: Dessen Äußerungen seien seine Privatmeinung und keineswegs jene der Universität; einer Universität, die gleich mit mehreren Mitarbeitern des Hauses im Beirat der Taskforce Corona des Gesundheitsministeriums und damit ganz nah an der Regierung saß. Meduni-Hintergrund haben der Infektiologe Heinz Burgmann, die Bioethikerin Christiane Druml, die Virologin Elisabeth Puchhammer und letztlich auch der Rektor der Universität, Markus Müller.

International erhob sich bereits in einem Frühstadium der Krise eine gewichtige Stimme, die die Datenlage, auf deren Basis schwerwiegende Entscheidungen getroffen wurden, kritisierte. Und zwar in Form des US-amerikanischen Epidemiologen und Gesundheitswissenschaftlers John Ioannidis. In einem seiner ersten Artikel dazu sprach er von einem „Evidenz-Fiasko".[69]

Wie schwierig es für Politiker weltweit war, auf Basis von (vermeintlicher) Evidenz Entscheidungen zu treffen, das zeigt unter anderem die in höchstem Maße unterschiedliche Einschätzung der Gefährlichkeit des Coronavirus. So führten Ioannidis und sein Team der Universität Stanford eine breit angelegte Blutuntersuchung im kalifornischen Bezirk Santa Clara durch. Der Schluss des Professors lautete: „Unsere Daten legen nahe, dass die Infektionssterblichkeit von COVID-19 im Bereich der saisonalen Grippe liegt."[70]

Zum genau gegenteiligen Ergebnis kommt der ebenso anerkannte Virologe Christian Drosten von der Berliner Charité. Er sagte – ebenfalls Ende April – dass die Sterblichkeit bei COVID-19 zehn- bis zwanzigmal höher sei als bei der saisonalen Grippe.[71]

Wie wenig die obersten Gesundheitsbehörden oftmals wissen und dann trotzdem handeln (oder handeln müssen), das zeigte sich im Rahmen der Erhebung einer weiteren zentralen Ressource für die Behandlung der schwersten Fälle von COVID-19: Beatmungsgeräte.

Als die Bundesregierung am 30. März die Maskenpflicht in bestimmten Bereichen verordnete, sagte Bundeskanzler Sebastian Kurz, dass es schon in zwei Wochen, zu Ostern, zu einer Überbelegung der Intensivbetten im Land kommen könnte. Das Gesundheitsministerium stellte dazu parallel Daten zur Verfügung, denen zufolge 2.584 Beatmungsgeräte bundesweit genutzt werden könnten.

Diese Zahl musste bereits am nächsten Tag deutlich korrigiert werden: und zwar nach oben. Mehrere Bundesländer veröffentlichten nun von sich aus ihre Zahlen dazu. Am Ende standen 3.478 der – oft, aber nicht immer – lebensrettenden Maschinen in der Liste: 35

Prozent mehr. In einer Phase, in der durch massive Einschränkungen von Freiheit und Wirtschaft hohe Begleitschäden in Kauf genommen wurden, nur um die begrenzten Beatmungskapazitäten in den Spitälern zu schützen, machte das einen Unterschied. Nicht nur für die Gesamtplanung, sondern auch finanziell.

Trotz der – offensichtlich – unsicheren Zahlen bestellten Bund und Länder in großen Mengen neue Geräte: allein der Bund die stattliche Anzahl von 745 Stück. Kosten: je nach Modell zwischen 11.000 und 25.000 Euro. Gleichzeitig drängten jedoch auch die meisten Bundesländer auf den völlig überlasteten Weltmarkt, um Beatmungsgeräte zu kaufen. In Vorarlberg sind etwa 20 zusätzliche Maschinen dokumentiert, in der Steiermark 60, in Salzburg ebenfalls.

Die maximale Belegung der Beatmungsplätze wurde am 8. April erreicht. 267 Patienten mit schwersten COVID-19-Symptomen lagen an diesem Tag in Intensivbetten.

Die unkoordinierten Großeinkäufe von Medizingeräten wurden erst im Laufe des Aprils bei der Bundesbeschaffung GmbH zusammengeführt. Das geht aus Unterlagen des zentralen Krisenmanagements im Innenministerium hervor. Die Frage, warum man trotz geringer Auslastung groß einkaufte, und auf Basis welcher Daten die Entscheidung zur deutlichen Aufrüstung der Kapazität getroffen wurde, hat das Gesundheitsministerium nie beantwortet.

Die mangelnde Versorgung der Forschung mit Daten aus dem Epidemiologischen Meldesystem (EMS) wurde erst zweieinhalb Monate nach dem Lockdown – zumindest teilweise – behoben. Seit Anfang Juni stellt die Gesundheit Österreich GmbH (GÖG) des Gesundheitsministeriums akkreditierten Stellen entsprechende Datensätze zur Nutzung zur Verfügung. Ein erster Schritt, aber für wirklich tiefere Erkenntnisse zu Virus und Erkrankung sind mehr Details notwendig. Im Basisdatensatz des Projekts sind nämlich nur recht oberflächliche Informationen zu Patienten enthalten: Alter, Geschlecht, Wohngemeinde, Nationalität, Diagnosedatum, Diagnose-, Genesungs- oder Todesdatum. Entscheidende Parameter wie Vorerkrankungen, angewandte, erfolgreiche oder erfolglose Therapieschritte fehlen.

## Regieren per Pressekonferenz, nicht per Gesetz

April
14
Österreich

Es waren Ostern wie nie zuvor. Die Regierung rief die Bevölkerung vor den Feiertagen dazu auf, zu Hause zu bleiben und niemanden von außerhalb des eigenen Haushalts zu treffen. Am Dienstag nach Ostern lässt eine Äußerung von Sebastian Kurz zur Rechtsstaatlichkeit der vielen Gesetze und Verordnungen tief blicken. Im Rahmen einer seiner vielen Pressekonferenzen sagt er auf die Frage, ob er von mehreren Experten bemängelte Fehler überprüfen lassen werde:

„Das Wichtigste ist, dass wir schnell gehandelt haben und dass es funktioniert. Das Gute an den Maßnahmen ist, dass sie nicht für die Dauer gedacht sind. Insofern wird die Überprüfung, ob sie verfassungskonform waren, zu einem Zeitpunkt stattfinden, wo viele dieser Maßnahmen gar nicht mehr in Kraft sind. Jetzt sollen sich natürlich alle Juristen bemühen, dass alles verfassungskonform abläuft. Aber ich bitte trotzdem um etwas Nachsicht, dass das eine Ausnahmesituation ist. Deshalb würde ich diese Fragen im juristischen Bereich nicht überinterpretieren."

## Helfer (zu?) nah an der Regierung

April
16
Österreich

Die Republik Österreich leistet sich bis heute eine eigene Tageszeitung. In der Literatur ist unter dem Stichwort „Wiener Zeitung" sogar der Eintrag „älteste Tageszeitung der Welt" zu finden. In der Ausgabe vom 16. April 2020 erscheint auf Seite 10 des Blattes ein Gastkommentar des Generalsekretärs des Roten Kreuzes. Unter dem Titel „Wieso der Rotkreuz-Mann neben dem Kanzler steht" schreibt Michael Opriesnig gegen Kritiker an, die der von ihm geführten Organisation zu viel Nähe zur Regierung vorwerfen.[72]

Es ist die Zeit, in der der mehrfach beschworene „nationale Schulterschluss" aus Regierung, Opposition und Medien zu bröckeln beginnt. Der Lockdown hat das Land seit inzwischen einem Monat fest im Griff. Kritiker beginnen, wieder genau hinzuschauen.

Dabei ist nicht zu übersehen, dass das Rote Kreuz eine enorme Medienpräsenz im Regierungsumfeld hat. Bei den Pressekonferenzen mehrerer Ministerien und des Kanzleramts tauchen regelmäßig Bundesrettungskommandant Gerry Foitik und eben Generalsekretär Opriesinig auf. Das Rote Kreuz kauft für die Regierung weltweit Schutzkleidung ein, das Rote Kreuz ist für den Staat bei der Testung von Corona-Patienten tätig, das Rote Kreuz weist für die Behörden 2.000 freiwillige Zivildiener ihren Dienststellen zu. Und: Das Rote Kreuz scheint als gleichberechtigter Partner einer mehrere Millionen Euro schweren Werbekampagne der Bundesregierung auf.

Unter der Überschrift „Schau auf dich, schau auf mich" werden – unter anderem – Informationen zu Abstandsregeln, Hygiene und Verhalten bei Verdachtsfällen transportiert. Ständig präsent: die beiden Absender der Botschaften. Diese transportieren damit nicht nur ihr Image, sondern bringen so viel Geld in einen Kreislauf, der durch den Lockdown kurzfristig fast zum Stillstand gekommen ist. Der Werbemarkt, von dem viele Medien in Österreich abhängig sind, ist massiv eingebrochen. Über das Vehikel der „Schau auf dich, schau auf mich"-Kampagne gelangen – neben 9,7 Millionen Euro Sondermedienförderung – viele Mittel in den Markt.

Über die tatsächlichen Ausgaben dafür hüllt sich die Regierung in Schweigen. Eine Vielzahl von Anfragen dazu bleibt wochenlang unbeantwortet. Doch mit der Zeit sickern die Daten Stück für Stück über frei zugängliche Vergabeportale durch.

Bis Ende Mai werden so zwölf Teillose im Gesamtwert von 9,8 Millionen Euro zusammenkommen. Das Rote Kreuz, das die Konzeption der Kampagne finanziert hat, beziffert seinen Aufwand dafür mit 350.000 Euro.

## Kanzler kündigt Schulöffnung an

April 21 Österreich

14.795 bestätigte Fälle

521 Todesfälle

Seit sechs Wochen sind im ganzen Land die Schulen geschlossen, als Sebastian Kurz vor die Presse tritt und ankündigt, dass sie am 18. Mai wieder öffnen werden. Damit nimmt der Kanzler vorweg, was eigentlich erst am Donnerstag vom zuständigen Fachminister Heinz Faßmann hätte verkündet werden sollen. Doch in Corona-Zeiten ist auch die Schulöffnung Chefsache. Zu den Details der Öffnung äußert sich Kanzler Kurz nicht weiter. Stattdessen verweist er auf eine Pressekonferenz des Bildungsministers am Freitag.

Seit Anfang April wurde überlegt, ob die Schulen noch vor dem Sommer wieder öffnen könnten, und wenn ja, in welcher Form. Mit der Entscheidung, die Wirtschaft – beginnend mit der Öffnung von Baumärkten und kleineren Betrieben ab Mitte April und allen anderen Geschäften ab Anfang Mai –, wieder hochzufahren, war klar, dass parallel auch die Schulen in Österreich einen gewissen Regelbetrieb werden einführen müssen. Im Vordergrund stand dabei weniger die Sorge, dass die rund 1,4 Millionen Schüler in Österreich zu Hause zu wenig lernen, sondern eher der Druck, eine sichere Betreuung zu garantieren, damit die Eltern wieder an ihren Arbeitsplatz zurückkehren können. Unklar ist Lehrern, Eltern und Schülern zu diesem Zeitpunkt nur noch, wie der Unterricht und die Betreuung der Schüler organisiert werden würde und welche Sicherheitsauflagen gelten.

## Die neue Schulrealität: Schichtbetrieb und Maske

April
24
Österreich

Bildungsminister Heinz Faßmann erklärt Pressevertretern, wie der Schulunterricht in den kommenden Wochen aussehen soll. Das Schließen sei leicht gewesen, aufgesperrt werde dagegen langsam, da zwischen Infektionsschutz und Bildung abgewogen werden müsse. Was das betreffe, würden die Meinungen von Experten ebenso wie von Eltern oft weit auseinandergehen. Erst 30 Minuten, bevor der Minister vor die Presse tritt, werden die Bildungsdirektoren über den Fahrplan zur Öffnung der Schulen in Kenntnis gesetzt. Je später, desto besser lautet das Informationsprinzip im Bildungsministerium: Zu groß ist die Sorge, dass der Öffnungsplan noch vor dem öffentlichkeitswirksamen Auftritt des Ministers durch die Bildungsdirektionen an den Schulen zirkuliert. Drei Tage nach der Pressekonferenz verschickt Minister Faßmann einen Brief, in dem er die geplanten Maßnahmen noch einmal erklärt, an Direktoren und Eltern. Für viele kommen die Ideen überraschend. Späte Information, ohne vorherige Absprache: So lautet der zentrale Vorwurf vieler Lehrer, Direktoren und Standesvertretern am Krisenmanagement der Regierung, genau genommen an den Verantwortlichen am Wiener Minoritenplatz.

## Schließung und Öffnung der Schulen: plötzlich, informell, umstritten

Zwischen dem ersten Verdachtsfall und der landesweiten Schließung der Schulen liegen knapp drei Wochen. Am 26. Februar wird am Gymnasium Albertgasse in Wien-Josefstadt der erste Corona-Verdachtsfall an einer Schule in Österreich bekannt. Eine Lehrerin hatte nach einem Aufenthalt in Norditalien Krankheitssymptome gezeigt. Die Folge: Die Schule und die umliegenden Straßenzüge werden für knapp vier Stunden gesperrt. Der Corona-Test verläuft aber negativ. Eine prophylaktische Sperre von Schulen oder Kindergärten, wie sie zwei Wochen später in Kraft treten wird, schließt Gesundheitsminister Rudolf Anschober zu diesem Zeitpunkt noch aus.

Am 28. Februar wird an einer Schule in Niederösterreich schließlich der erste tatsächlich bestätigte Corona-Fall bekannt: Der Sohn eines infizierten Paares wird positiv getestet, seine Klassenkollegen und vier Lehrer des Erzbischöflichen Gymnasiums Hollabrunn müssen in Quarantäne.

Nahezu zeitgleich zum Bekanntwerden des ersten offiziell infizierten Schülers tagt erstmals auch der Beraterstab der Corona-Taskforce im Gesundheitsministerium. Wie aus den Protokollen hervorgeht, hält man Ende Februar die Schließung von Schulen zu diesem Zeitpunkt noch für „zu früh", man müsse die Situation aber genau beobachten und möglicherweise „re-evaluieren". Das Beratergremium ist überzeugt, dass mit den Schließungen nicht zu früh begonnen werden dürfe, da, so sehen es die Mitglieder der Taskforce, eine Sperre realistischerweise höchstens zwei Wochen durchgehalten werden könne: eine Einschätzung, die sich als vollkommen falsch erweisen wird. Am Ende werden neun Wochen vergehen, bis die Schüler in ihre Klassenzimmer zurückkehren.

Auch in der Sitzung der Corona-Taskforce am 3. März wird nicht über Schulschließungen diskutiert, sondern über den Umgang mit gesundheitlich besonders gefährdeten Schülern. Franz Allerberger, Leiter der AGES (Österreichische Agentur für Gesundheit und Ernährungssicherheit) weist darauf hin, dass eine „vorsorgliche Isolierung" aller Schüler mit chronischen Erkrankungen, „stigmatisierend" sei. Dieser Einschätzung schließt sich der Beraterstab an. Es solle die Entscheidung der Eltern von Kindern mit einer Immunschwäche sein, ob diese zu Hause bleiben. Mehr Maßnahmen brauche es darüber hinaus nicht. Der entsprechende Erlass des Bildungsministeriums sei ausreichend. Knapp eine Woche später, am 9. März, werden im Beraterstab erneut Schulschließungen thematisiert. Laut Sitzungsprotokoll ist es erneut AGES-Leiter Allerberger, der auf die damit verbundenen Probleme hinweist: Dieser Schritt könnte möglicherweise dazu führen, dass Kinder nicht mehr so gut von ihren Großeltern ferngehalten würden. Gewarnt wird auch davor, auf systemrelevante Mitarbeiter verzichten zu müssen, wenn diese ihre Kinder betreuen müssten. Doch die Idee der prophylaktischen und flächendeckenden Schließungen nimmt immer mehr Gestalt an.

In einem Brief ersucht Bildungsminister Faßmann am 10. März die Schuldirektoren, sich aufgrund des Coronavirus auf Schulschließungen präventiv vorzubereiten, auch wenn sich das derzeitige Prozedere mit anlassbezogenen Schulsperren bewährt habe, wie er schreibt. Zu diesem Zeitpunkt gibt es insgesamt knapp 200 bestätigte Infektionsfälle in Österreich. Schon am nächsten Tag heißt es nach dem Ministerrat von Bundeskanzler Sebastian Kurz: „Es wird auch Maßnahmen in Schulen geben müssen." Wenige Stunden später steht schließlich fest, dass ab dem 16. März bundesweit alle Klassenzimmer – bis auf ein paar Ausnahmen für systemrelevante Betreuungsangebote – geschlossen werden, vorerst bis Ostern. „Es ist notwendig", betont Bildungsminister Heinz Faßmann am Abend in der ZIB 2. Alle Studien würden zeigen: „Wenn man was machen soll, dann jetzt." Zum Zeitpunkt des Lockdowns am 16. März gibt es vier bestätigte Corona-Fälle unter Schülern und sechs unter Lehrern. In den ersten drei Wochen nach den Schulschließungen wird die Zahl der positiv Getesteten (Schüler und Lehrer) auf 250 ansteigen.[73]

Der Krisenmanager im Bildungsministerium heißt Martin Netzer. Seit Ausbruch der Corona-Krise ist er auch als Ressortvertreter im Krisenstab der Bundesregierung. Als Generalsekretär koordinierte er schon in der ersten Amtszeit von Minister Heinz Faßmann von November 2018 bis Juni 2019 die Geschicke am Minoritenplatz. Vor seiner Zeit als Generalsekretär leitete Netzer im Ministerium die Abteilung für Wirkungsorientierung und Steuerung. Er weiß, wie man steuert, welche Fäden gezogen werden müssen. Und er entscheidet, mit wem wann worüber gesprochen wird. In täglichen Videokonferenzen tauscht er sich mit den Sektionsleitern und den neun Bildungsdirektoren aus. Wenn es so etwas wie einen Krisenstab im Bildungssystem gibt, dann ist es diese Runde. Die Kritik, dass es zu wenig Austausch mit den einzelnen Bildungsdirektoren gegeben habe, kann der Generalsekretär rückblickend nicht nachvollziehen. „So abgestimmt wie in den letzten Wochen waren wir überhaupt noch nie", sagt Netzer. Über die Art und Weise des Austauschs gibt es allerdings unterschiedliche Interpretationen.

Aus einer Bildungsdirektion heißt es, dass in der gesamten Corona-Pandemie nie ein wirklicher Austausch auf Augenhöhe mit den Verantwortlichen im Bildungsministerium stattgefunden habe. Vorschläge seitens der Länder seien in den gemeinsamen Konferenzen kaum besprochen worden. Das Ministerium, so der Vorwurf, habe seit Ausbruch der Corona-Krise wie eine „Blackbox" gearbeitet. Von wem was und warum wie entschieden wurde, blieb oft unklar. Informationen habe man oft früher über die Medien als über den Dienstweg erhalten. Selten sei es darum gegangen, gemeinsame Lösungen zu finden, um durch die Krise zu kommen. Viel wichtiger sei es gewesen, dass das Krisenmanagement der Bundesregierung bei den Bürgern als überlegt, effizient und erfolgreich wahrgenommen wird.

Vieles läuft in diesen Krisenzeiten nicht über den offiziellen Dienstweg. Statt sich Input und Feedback von und über die einzelnen Bildungsdirektionen der Länder zu holen, entscheiden sich Minister Faßmann und Generalsekretär Netzer für einen anderen Weg, einen informellen, vorbei an den bestehenden Institutionen wie den Bildungsdirektionen. Sie gehen direkt auf jene Personen zu, von denen sie sich Expertise erwarten, darunter nach eigenen Angaben überwiegend Direktoren, Lehrer und Pädagogen, die „nah an der Praxis sind". Als Grund für dieses Vorgehen wird der sehr hohe Zeitdruck genannt, unter dem Konzepte vorbereitet, abgestimmt und in Form gebracht werden müssen.

Es sei zeitlich und organisatorisch unmöglich gewesen, „in dieser Institutionenlogik alles gut abzubilden". Doch das ist nicht der einzige Grund dafür, dass die hinzugezogenen Experten direkt an das Bildungsministerium berichten. „Sie sollten eine authentische ungefilterte Meinung äußern und nicht das Gefühl bekommen, dass sie durch eine Zensurinstanz gehen müssen, weil sie alles vorab an ihren direkten Vorgesetzten melden müssen", so Generalsekretär Netzer. Wessen Expertise zu welchen Fragen eingeholt und was von wem empfohlen wurde, behält das Bildungsministerium für sich. Die Namen der externen Berater bleiben anonym.

Am 18. Mai, neun Wochen nach der landesweiten Schließung, öffnen die Schulen wieder. Zunächst kehren die Schüler der Volksschulen, Neuen Mittelschulen und AHS-Unterstufen in ihre Klassenzimmer zurück, rund zehn Tage später werden die Schüler der Oberstufen folgen. Zu diesem Zeitpunkt gibt es laut Bildungsministerium offiziell vier bestätigte Corona-Fälle. Zwei Wochen später werden es an den Schulen österreichweit 22 (17 davon in der Unterstufe) bestätigte Fälle sein. Der Großteil hat eine familiäre Verbindung zu den entdeckten Infektionsclustern in den Postverteilungs- und Logistikzentren in Wien und Niederösterreich. Die neue Schulnormalität der Regierung sieht vor, dass die Klassen in gleich große Gruppen geteilt und abwechselnd unterrichtet werden, entweder blockweise oder tageweise. Die Wiederholung der

Klassenstufe soll nur freiwillig erfolgen. Die Regeln gelten österreichweit für alle Schulen.

Es hätte aber auch anders kommen können. Etwa zwei Wochen nach dem Lockdown und den Schulschließungen sitzen die Verantwortlichen im Bildungsministerium zusammen und beraten, wie die Schulen in Österreich am besten hochgefahren werden können. Eine Idee, die in dieser Runde besprochen wird, erinnert an das, was Public-Health-Experte Martin Sprenger schon damals als Mitglied der Corona-Taskforce im Gesundheitsministerium vorgeschlagen hatte und was mit Anfang Juni auch von der Bundesregierung verfolgt wird: regional unterschiedliche Maßnahmen. Es geht um den Plan, die Schulöffnung abhängig vom jeweiligen Infektionsgeschehen in den einzelnen Bundesländern zu organisieren. Doch die Idee der regionalen Modelle wird aus zwei Gründen rasch verworfen: Zum einen schaffen es die Beteiligten nicht, Kriterien festzulegen, wann Maßnahmen je nach Entwicklung der Infektionsfälle gelockert oder verschärft werden müssten. „Eine derartige Flexibilität, die so ein regionales System erfordert, ist für ein komplexes Schulsystem mit über 5.000 Schulstandorten, 120.000 Lehrkräften und mehr als eine Millionen Schüler und deren Eltern nicht möglich", erläutert Generalsekretär Netzer. Zum anderen erhält das Bildungsministerium sehr deutliche Hinweise aus den Bundesländern, auf regionale Differenzierungen zu verzichten. Der Grund: Die Länder fürchten eine Trennung in „gute" und „schlechte" Länder, also Länder, die das Infektionsgeschehen besser im Griff haben als andere. Aus diesen beiden Gründen konzentriert man sich im Bildungsministerium nur noch auf Modelle für ganz Österreich.

Das Ergebnis dieser Überlegungen, die stufenweise Öffnung

mit ausgedünnten Klassen, wird am 24. April präsentiert. Das vom Bildungsministerium vorgelegte „Hygienehandbuch", in dem das Verhalten von Schülern und Lehrern geregelt ist, soll sicherstellen, dass es zu möglichst wenigen Infektionen kommt. In den Tagen vor der Schulöffnung im Mai versuchen Direktoren und Lehrer, sich auf diese als „Empfehlungen" titulierten Maßnahmen in ihren Schulen vorzubereiten. In den Hygiene-Empfehlungen zum „Schutz vor einer COVID-19-Ansteckung", wie es offiziell heißt, ist unter anderem festgelegt, dass das Schulhaus nur mit Mund-Nasen-Schutz betreten werden darf. Nach Möglichkeit sollen die Schüler zeitversetzt im Haus eintreffen, über Bodenmarkierungen soll das Einhalten von mindestens einem Meter Abstand gewährleistet werden. Eltern dürfen nur mit Termin ins Haus. Im Schulhaus ist auf sämtlichen Wegen Mund-Nasen-Schutz zu tragen, nur am Sitzplatz kann er abgenommen werden. Über den richtigen Umgang informieren Schulärzte und Plakate im Schulhaus. Zusätzlich werden alle dazu aufgefordert, stets einen Meter Abstand zu halten, ihr Gesicht nicht zu berühren und die Husten-Etikette einzuhalten. „Nicht schreien oder laufen", heißt es außerdem auf einem der Plakate. Was im Handbuch von den Herausgebern als „praxistauglich" beschrieben wird, empfinden viele Lehrer und Direktoren dagegen als realitätsfern und kaum umsetzbar. Oder, wie es ein Wiener Lehrervertreter ausdrückte: „Wenn die zuständigen Politiker und Beamte im Ministerium nicht mehr weiterwissen, dann verweist man auf die Schulautonomie." Das bedeutet, dass die jeweiligen Direktoren entscheiden müssen, wie sie Vorgaben an ihrem Standort umsetzen. Neben räumlichen und personellen Schwierigkeiten fehlen an vielen Standorten bis kurz vor der Neu-Eröffnung noch immer Desinfektionsmittel.

Es hätte entweder weniger Angebote geben müssen und stattdessen nur einen kleinen gesteckten Rahmen, oder aber eine bis ins letzte Detail ausgearbeitete Lösung, lautet die Kritik aus Gewerkschaftskreisen. Beides sei nicht geschehen. Stattdessen habe man sich – aus Sicht der Lehrervertreter – für eine Zwischenlösung entschieden, die mehr Probleme schaffe als löse. „Ich kenne keinen einzigen Schulstandort, wo das Hygienehandbuch eins zu eins umsetzbar ist – weder personell, räumlich noch organisatorisch", berichtet ein hoher Gewerkschafter. Die Rede ist von einer unüberlegten Verschiebung vermeidbarer Probleme in Richtung Schulautonomie und von Lehrern als „Hygienewächtern".

Für große Empörung sorgt die Ankündigung von Minister Faßmann am Samstag, 25. April, Lehrer mögen an den zwei schulautonomen Fenstertagen nach Christi Himmelfahrt und Fronleichnam unterrichten. Lehrergewerkschafter fühlen sich übergangen und weisen darauf hin, dass ein geltendes Bundesgesetz den Bundesländern die Möglichkeit einräumt, die jeweiligen unterrichtsfreien Tage festzulegen. Faßmann und die Bundesregierung hätten somit formal im Nationalrat eine Gesetzesänderung beschließen lassen müssen, um Unterricht an den beiden Freitagen verpflichtend an allen Schulen anzuordnen. Die Lösung in diesem Konflikt lautet schließlich: Freiwilligkeit. In einem Brief vom 1. Mai, der nicht nur von Minister Faßmann, sondern auch von den Chefs der Lehrergewerkschaften unterzeichnet ist, werden die Schulleitungen ersucht, an den beiden Freitagen freiwillig zu unterrichten. Wörtlich heißt es in dem Schreiben: „Es ist uns bewusst, dass diese freiwillige Leistung wieder einmal viel von Ihnen abverlangen wird." Mit dem Unterrichten an den beiden Tagen würden Lehrer „den Wert der Bildung" unterstreichen und den Schülern helfen. „Wir danken, dass wir auf Sie zählen können", heißt es abschließend in dem Brief.

Trotz einer stetig sinkenden Zahl an Infizierten in Österreich wird der Schichtbetrieb in geteilten Klassen auch nach Pfingsten fortgesetzt – obwohl gleichzeitig mit Verweis auf internationale Studien vom zuständigen Minister bestätigt wird, dass die Schule nicht der Ort der Corona-Verbreitung sei. Das Bildungsministerium begnügt sich jedoch mit der Aufhebung der Maskenpflicht außerhalb des Klassenzimmers und mit der freiwilligen Wiederaufnahme des Sport- und Musikunterrichts. Schließlich sei das Virus noch nicht verschwunden, wie Bildungsminister Faßmann Ende Mai ausdrücklich betont.

Nahezu zeitgleich zu diesen Entwicklungen wird im Nachbarland Deutschland kontrovers darüber diskutiert, ob Kinder genauso ansteckend sind wie Erwachsene. Im Zentrum der Debatte steht ein vom Forscherteam um Christian Drosten, Chef-Virologe an der Berliner Charité, Ende April veröffentlichter Artikel[74], in dem vor einer „unbegrenzten Wiedereröffnung" von Schulen gewarnt wird, da Kinder genauso infektiös seien wie Erwachsene. Die Forscher hatten die Virenlast in verschiedenen Altersgruppen untersucht. Der Wert gibt an, wie viele Viren sich in der Probe eines Menschen befinden und entscheidet mit darüber, wie ansteckend jemand wahrscheinlich ist. Wäre die Virenlast bei Kindern deutlich geringer als bei Erwachsenen, könnte das bedeuten, dass sie weniger ansteckend sind. Nach Kritik mehrerer Wissenschaftler[75] an den verwendeten statistischen Methoden und einigen umstrittenen Artikeln der *Bild*-Zeitung, in denen die Studie als „grob falsch" bezeichnet wurde, legte Drosten Anfang Juni ein Update[76] der Analyse vor. Auch bei dieser Publikation handelt es sich um eine Vorveröffentlichung, die noch keinen wissenschaftlichen Begutachtungsprozess durchlaufen hat. Die Hauptaussage der neuen Studie ist nun allerdings vorsichtiger, in doppelter Verneinung und weniger allgemeingültig formuliert: „Die vorliegende Studie liefert keine Belege für die Annahme, dass Kinder nicht so ansteckend sein können wie Erwachsene." Sie enthält auch, anders als die erste Version, keine so absolute Warnung mehr. Stattdessen empfiehlt Drostens Team, dass die Öffnung von Schulen „durch vorbeugendes diagnostisches Testen sorgfältig überwacht" werden sollte.

Für eine Rückkehr der Schüler ohne Einschränkungen plädieren auch vier deutsche medizinische Fachgesellschaften. Wörtlich heißt es in einer Mitte Mai veröffentlichten gemeinsamen Stellungnahme[77]: „Die Daten aus vielen Untersuchungen, Studien, Modellberechnungen und Ausbruchsanalysen weisen in eine Richtung: Kinder und Jugendliche sind im Gegensatz zur Ausbreitung der echten Grippe, der Influenzainfektion, nicht die treibende Kraft der Covid-19-Pandemie. [...] Insbesondere bei Kindern unter zehn Jahren sprechen die aktuellen Daten sowohl für eine geringere Infektions- als auch für eine deutlich geringere Ansteckungsrate." Im Gegensatz dazu seien die sozialen und gesundheitlichen Folgen der Schließung und der eingeschränkten Öffnung gravierend. Trotz dieser wissenschaftlichen Warnungen wird in Österreich das Schuljahr 2019/2020 im ausgedünnten Schichtbetrieb beendet. Bildungsminister Faßmann verspricht aber, dass man versuchen werde, das kommende Schuljahr wieder möglichst „normal" zu beginnen[78]. Wie diese „neue Schulnormalität" aussehen wird, bleibt abzuwarten.

## Ein Land bekommt Ausgang

Mai
1
Österreich

15.461 bestätigte Fälle

570 Todesfälle

Es ist Staatsfeiertag. Der traditionelle Aufmarsch der Wiener SPÖ findet nicht statt, stattdessen verabreden sich die Sozialdemokraten wie in den vergangenen Wochen der Rest des Landes via Internet zum Meinungsaustausch: Chats, Videokonferenzen, YouTube-Ansprachen werden unter dem Motto „Heute mehr denn je!“ organisiert.

Der „Tag der Arbeit“ bekommt im Jahr 2020 eine andere Symbolik. Die durch die Bundesregierung verordneten Ausgangsbeschränkungen enden nämlich – nach 46 Tagen. Kleine Veranstaltungen mit zehn Personen sind seit Mitternacht wieder erlaubt, bei Begräbnissen sind bis zu 30 Personen zulässig.

Andere Bereiche müssen jedoch noch warten. Die Gastronomie zum Beispiel, die – unter Auflagen – den Betrieb erst mit 15. Mai wiederaufnehmen soll. Erst am 29. Mai werden die Beherbergungsbetriebe folgen.

Casali
SCHOKO BANANEN

5

# Ein rechtliches Tohuwabohu

*Österreich, das wird nach der Extraportion Angst klar, will nicht nur beim Herunterfahren, sondern auch bei der Wiedereröffnung ganz vorne dabei sein. Wie schon die Verordnungen zum Lockdown, sind auch die sogenannten Lockerungsverordnungen von minderer juristischer Qualität. Das Öffnungsgeschehen entgleist zunehmend, Österreich schlittert von einer Situation, in der erlaubt war, was als verboten galt, in einen Zustand, in dem Verbote zwar verhängt, aber kaum mehr durchgesetzt werden.*

Der juristische Kampf gegen COVID-19 beginnt am 26. Jänner, noch ohne großes öffentliches Aufsehen zu erregen. Gesundheitsminister Rudolf Anschober erklärt die Krankheit per Verordnung für meldepflichtig. Da gibt es in Österreich offiziell noch keinen Fall. In den folgenden Monaten gehen die Gesetze und Verordnungen, die auf Bundes- und Landesebene zur Bekämpfung der Corona-Krise erlassen oder geändert werden, in die hunderte. Dabei passieren Fehler – manche davon sind nur peinlich, andere schwerwiegend.

Die Kommunikation der rechtlichen Maßnahmen verläuft indes von Anfang an suboptimal. Während die Bundesregierung im März noch über die geeigneten Einschränkungen berät, gelangen einzelne Planspiele an die Öffentlichkeit. Falschmeldungen vermengen sich mit Gerüchten. Die Regierung kündigt währenddessen zwar an, Maßnahmen zu erlassen, gibt aber zunächst nur Termine für Pressekonferenzen bekannt. Es kommt zu Hamsterkäufen. Die Politik warnt vor „Fake News“, agiert aber selbst informationspolitisch ungelenk. Während Innenminister Karl Nehammer am 13. März verkündet, es werde „natürlich keine Ausgangssperren geben“[79], erklärt sein Parteikollege, der Tiroler Landeshauptmann Günther Platter, nur sechs Tage später: „Wir haben ganze Regionen abgeschottet und de facto eine Ausgangssperre verordnet.“[80] Monate später wird Gesundheitsminister Anschober behaupten, private Treffen wären nie verboten gewesen.

Der Fehlerteufel wird zum ständigen Begleiter der Corona-Legistik: Als das erste „COVID-19 Gesetz“ ins Parlament kommt, vergisst man unter anderem, die Matura zu verschieben oder Gerichtsverhandlungen per Videoschaltung durchführen zu lassen, und muss im Ausschuss nachbessern.[81] Im „2. COVID-19-Gesetz“ – dieses wird im Gegensatz zum ersten mit einem zweiten Bindestrich geschrieben – wird vergessen, das Inkrafttreten einer Strafbestimmung zeitlich anzupassen.[82] Sie tritt damit rückwirkend in Kraft, was die Bundesverfassung bei Strafbestimmungen aber ausschließt.[83] In der Folge sieht sich der Bundespräsident genötigt, ein offensichtlich verfassungswidriges Gesetz zu unterschreiben, obwohl sein Vorgänger in ähnlich gelagerten Fällen die Beurkundung verweigert hat. „Der Bundespräsident hat das Gesetz unterschrieben, da sonst das gesamte Paket mit dringend notwendigen Sofortmaßnahmen nicht hätte in Kraft treten können. Das wäre angesichts der Krisensituation unverantwortlich gewesen“, heißt es dazu aus der Präsidentschaftskanzlei. Die rückwirkende Strafbestimmung schafft keine praktischen Probleme und wird später repariert, der schale Beigeschmack aber bleibt.

Andere Fehler können hingegen sehr wohl Folgen haben: Arbeitnehmer, die aufgrund eines Attests freigestellt werden, sollten deshalb nicht gekündigt werden dürfen. Im Allgemeinen Sozialversicherungsgesetz wird die Einklagbarkeit allerdings durch einen Nummerierungsfehler verpfuscht und erst hinterher repariert.[84] Anderswo greifen die Rechtschreib-, Grammatik- und Flüchtigkeitsfehler um sich. Einmal gibt es einen Bundesminister für „undheit",[85] eine Verordnung erhält ein falsches Kundmachungsdatum,[86] in drei Gesetzen wird jemand „ermächtig"[87], und schließlich heißt der Bundespräsident laut Bundesgesetzblatt nun „Vand der Bellen".[88]

### Schwarzer Peter für die Polizei

Dass in der Hektik der frühen Märztage Fehler übersehen werden, ist menschlich. Das legistische Chaos nimmt über die Monate aber kaum ab. Erst ab dem Karsamstag darf die Polizei Organstrafmandate verteilen, wenn sich die Bevölkerung nicht an die Regeln zur COVID-19-Eindämmung hält. Zuvor setzt es teilweise horrende Strafen für die Verletzung der Ausgangsbeschränkungen. Die Polizei gerät dafür immer wieder zu Unrecht in Kritik. Was die Regierung nicht kommuniziert: Sie hat den Polizisten jede Möglichkeit genommen, Milde walten zu lassen. Bei Verwaltungsübertretungen, bei denen keine Organstrafverfügung vorgesehen ist, darf nicht verwarnt werden.[89] Bis zum Karsamstag muss demnach jede Übertretung der Ausgangsbeschränkungen angezeigt werden. Die Konsequenz: Jeder Polizist, der bei einem Abstand von nur 90 cm zwischen hausfremden Personen nur rügende Worte findet, begeht Amtsmissbrauch.

Die Landespolizeidirektionen handhaben die Regelung trotzdem unterschiedlich. Während in Niederösterreich zwischen 16.

März und 3. Juni nur 2.461 Anzeigen wegen Übertretungen aufgrund von Verordnungen nach dem Epidemiegesetz und dem COVID-19-Maßnahmengesetz verhängt werden, sind es in Tirol 4.615, in Wien gar 12.333.[90]

Andere Gesetze und Verordnungen, die man im Eifer des Gefechts beschlossen hat, haben ähnliche Schwachstellen und sind im wahren Leben nur schwer oder gar nicht vollziehbar. Die Bundesregierung hat mit hunderten neuen Regeln viele rechtliche Baustellen eröffnet – und es kommen neue hinzu.

Selbst der Kern der gesetzten Maßnahmen – jene Verordnung des Gesundheitsministers, die Ausgangssperren vorsieht[91] – hat schwerwiegende juristische Mängel. So verbietet sie generell das Betreten öffentlicher Orte, wohingegen Juristen wie der ehemalige „Liste Jetzt"-Abgeordnete Alfred Noll Bedenken äußern, ob die gesetzliche Grundlage das überhaupt zulässt. Zudem bestehen Zweifel daran, welche Folgen dieses generelle Betretungsverbot hätte. Ob private Besuche in Wohnungen und Häusern erlaubt sind, bleibt zunächst strittig. In den vier Ausnahmen (Spaziergang, Krankenhilfe, Einkauf, Berufsausübung) sind sie nicht genannt. Allerdings finden private Besuche eben nicht an öffentlichen Orten statt.

Die Republik steht vor einem juristischen Tohuwabohu. Anschobers Ostererlass vom 1. April soll Abhilfe leisten und private Treffen in beschränktem Rahmen zulassen, wird aber bereits am 5. April zurückgezogen, weil sich massive Kritik an den Eingriffen regt. Eine Neuregelung lässt zunächst auf sich warten. Währenddessen streiten die Behörden untereinander, ob Fahrten zu Zweitwohnsitzen erlaubt sind.

Am 14. April kündigt der Gesundheitsminister an, seine Verordnungen und Erlässe von externen Experten überprüfen lassen zu wollen. Der Vorstoß bringt ihm einen verbalen Angriff von Verfassungsministerin Karoline Edtstadler ein: „Wenn Bundesminister Rudolf Anschober der Meinung ist, dass die Verordnungen und Erlässe aus seinem Ressort nicht gesetzes- und verfassungskonform sind, erwarte ich mir, dass er die Sache in die eine oder andere Richtung rasch klärt und die Bevölkerung nicht lange in Unsicherheit lässt."[92] Edtstadlers Attacke kommt nicht von ungefähr, sondern lenkt von der Kritik an Bundeskanzler Sebastian Kurz ab. Dessen Aussage, die Maßnahmen würden ohnehin erst überprüft, wenn sie längst außer Kraft getreten seien, sorgt für Empörung. Edtstadlers Ausritt gegen ihren Ministerkollegen wirkt dagegen wie eine Nebelgranate. Noch am 20. April bekräftigt die Ministerin, was Experten bereits bezweifeln: Sie gehe davon aus, dass alle im Rahmen der COVID-19-Krise erlassenen Regelungen „rechts- und verfassungskonform sind".[93]

### Anschober rudert zurück

Ergebnisse der von Anschober angestoßenen Überprüfung werden nie veröffentlicht, allerdings verkündet der Minister am 27. April, drei Tage vor dem Außerkrafttreten der Ausgangsbeschränkungen, dass private Zusammenkünfte niemals verboten gewesen seien. Es handle sich, so verlautbart sein Ressort kryptisch in einer Aussendung, nur um eine „Konkretisierung bezüglich Verkehrsbeschränkungen und Treffen im privaten Bereich".[94] Dass ein Verbot privater Treffen problematisch sein könnte, ist der Regierung seit längerem bewusst. Ministerin Edtstadler spricht bereits am 20. April davon, dass es „in Details Adaptionsnotwendigkeiten, wie etwa Präzisierungserfordernisse, geben"[95] könnte.

Obwohl die Bundesregierung vielfach vor Corona-Partys gewarnt und deren Auflösung durch die Polizei wiederholt kommuniziert und gutgeheißen hat, heißt es nun, der „private Bereich" sei von der Verordnung „formalrechtlich nicht dezidiert umfasst". Dies sei „auch im Zusammenhang mit dem ‚Oster-Erlass' vielfach kommuniziert"[96] worden. Dabei verkündete Anschober noch in einer Pressekonferenz am 6. April, dass die Verkehrsbeschränkungen alleine ausreichten, um Corona-Partys aufzulösen.[97]

Wenn private Treffen nie verboten werden sollten, ergibt der Text der Verordnung in diesem Punkt außerdem keinen Sinn. Warum finden sich die Treffen im Privatbereich nicht in den überall beworbenen Ausnahmen von den Ausgangsbeschränkungen? Wieso wird in der Verordnung erwähnt, man dürfe das Haus verlassen, um anderen zu helfen? Ist da wirklich nur die Hilfe auf offener Straße gemeint? Denn in die Wohnung eines anderen dürfte man ja angeblich auch so gehen. Die explizite Ausnahme für Hilfeleistungen ist nur dann logisch, wenn der Verordnungsgeber davon ausging, dass Besuche in Privatwohnungen ansonsten verboten wären.

Tatsächlich werden die Corona-Partys vor allem wegen Lärmerregungen und anderer Verwaltungsübertretungen von der Polizei beendet. Ein Verbot privater Treffen in Wohnungen wäre als massiver Eingriff in die Grundrechte auf Achtung des Privat- und Familienlebens und des Hausrechts möglicherweise verfassungswidrig gewesen. Am 28. April beantragt die FPÖ im Nationalrat erfolglos, vor dem Verfassungsgerichtshof Ministeranklage gegen Rudolf Anschober zu erheben. Er habe mit dem „Ostererlass" „eine nicht durch gesetzliche Ermächtigung gedeckte Anordnung erteilt" und die Landes- und Bezirkshauptleute „dadurch anzuleiten versucht, verfassungsrechtlich gewährleistete Rechte unrechtmäßig einzuschränken".[98]

Dass in der Bevölkerung der Eindruck entstand, private Treffen seien überhaupt untersagt, kann man im Gesundheitsministerium hinterher nicht mehr verstehen. Dabei hat die Bundesregierung in einer millionenschweren Informationskampagne erklärt, es gebe nur vier Gründe, das Haus zu verlassen, und private Besuche nicht dazugezählt.

### Plötzlich ist alles anders

Dass das Gesundheitsministerium am 27. April behauptet, dass die Zulässigkeit privater Feiern und Treffen „vielfach kommuniziert" worden sei, erscheint in diesem Licht mehr als eigenwillig. Im Rahmen des Desasters um Anschobers „Ostererlass" wird nur festgehalten, dass dieser „Rechtssicherheit gegen ‚Corona-Partys' schaffen" soll, nicht aber, dass diese bisher erlaubt gewesen wären. Damals heißt es außerdem, der „Ostererlass" werde „eine Klarstellung durch das Verbot von organisierten Veranstaltungen in Räumen (Corona-Partys)" bringen, und nicht, dass ein völlig neues Verbot angestrebt würde.

Die Vorgangsweise ist mehr als befremdlich: Wochenlang vermeidet es die Politik, die Frage der Zulässigkeit privater Treffen rechtlich eindeutig zu regeln. Als Anschober mit dem „Ostererlass" einen Versuch in diese Richtung unternimmt, muss er zurückrudern, behauptet aber weiter öffentlich, dass private Treffen aufgrund der bestehenden Regelungen verboten werden könnten. Der Minister lässt sich danach noch zwei Wochen Zeit, um eine völlige inhaltliche Kehrtwende zu vollziehen, wobei behauptet wird, dies sei nur eine „Konkretisierung". Die Bundesregierung unterlässt es währenddessen nicht nur, die aus Sicht des Gesundheitsministers offenbar von Anfang an geltende Rechtslage zu kommunizieren, sondern insinuiert auch noch durch Stellungnahmen, Aufrufe und Pressekonferenzen, dass etwas verboten und strafbar sei, was in Wirklichkeit erlaubt ist.

Anschobers Eingeständnis, dass eigentlich alles ganz anders sei, kommt am 27. April dann auch noch zum denkbar ungünstigsten Zeitpunkt: Die bisherige Verordnung soll drei Tage später, am 30. April, außer Kraft treten.[99] Der Gesundheitsminister erzeugt mit seinem Kurswechsel für einen kurzen Zeitraum zusätzliche Rechtsunsicherheit und Frustration, anstatt die Verordnung sofort zu ersetzen. Nebenbei werden Behauptungen aufgestellt, die mit der Realität wenig zu tun haben. Der Bundesregierung ist es bis dahin ein Anliegen, private Treffen zu unterbinden, und kommuniziert daher wochenlang nicht, dass sie rechtlich zulässig wären. Gleichzeitig warnt sie öffentlich und wiederholt vor „Fake News".

Das Verwaltungsgericht Wien stellt am 5. Juni fest, dass das Betreten des öffentlichen Raumes immer ohne Begründung erlaubt gewesen sei. Der Tatsache, „dass der zuständige Verordnungsgeber (Bundesminister für Soziales, Gesundheit, Pflege und Konsumentenschutz) allenfalls in Presseerklärungen oder dergleichen eine davon abweichende Auffassung vertreten hat", sei „keine rechtserhebliche Bedeutung beizumessen".[100]

### Neue Regeln, gleiches Pech

Mit der „COVID-19-Lockerungsverordnung", die ab 1. Mai gilt,[101] hören die Probleme nicht auf, sondern gehen weiter. Um wie geplant in Kraft zu treten, muss sie am 30. April noch vor Mitternacht kundgemacht werden. Doch das Gesundheitsministerium zeigt sich unfähig, den Rechtstext in angemessener Zeit fertigzustellen. Die vierseitige Verordnung, die in die Lebensbereiche fast aller Österreicher eingreift und von deren Bestimmungen wirtschaftliche Existenzen abhängen, wird erst um 21.43 Uhr signiert und online kundgemacht – zwei Stunden und 17 Minuten, bevor sie Gültigkeit erlangt.

Die neue „COVID-19-Lockerungsverordnung“ ersetzt die „Verordnung gemäß § 2 Z 1 des COVID-19-Maßnahmengesetzes“ und die „Verordnung betreffend vorläufige Maßnahmen zur Verhinderung der Verbreitung von COVID-19“. Ihre Regelungen bereiten unter anderem Erleichterungen beim Einkauf und im Gastgewerbe vor. Außerdem fallen formal jene Gründe weg, aus denen man bisher das Haus verlassen durfte – auch wenn diese Einschränkungen eigentlich schon durch Anschobers Klarstellung vom 27. April gegenstandslos geworden sind.

Wie in den Wochen zuvor versucht die Bundesregierung auch am 1. Mai die Erwartungen in die Lockerungen zu dämpfen und mahnt Vorsicht an. Gesundheitsminister Anschober warnt die Bevölkerung vor zu großer Euphorie: „Wir haben Erfolge, aber wir haben noch nichts gewonnen.“[102] Das gilt auch für den Kampf seines Ressorts mit der Rechtsordnung. Die neue Lockerungsverordnung bringt neue Unschärfen und Regelungen mit sich, deren gesundheitspolitische Zielsetzung sich nicht immer erschließen lässt. Die Mehrheit des Bundesrates beantragt bereits am 4. Mai Klarstellungen in der Lockerungsverordnung. So soll der „private Wohnbereich einschließlich aller zugehörigen Flächen und Einrichtungen (Balkone, Terrassen, Gärten, Garagen usw.)“[103] vollständig von der Verordnung ausgenommen werden.

Laut Verordnung müssen Wettstudios weiterhin geschlossen halten, während das Gastgewerbe am 15. Mai öffnen kann. Warum ein Spieler, der mit Mundschutz alleine vor einem Automaten sitzt, mehr Ansteckungsgefahr bietet als vier Personen ohne Masken an einem Tisch, kann das Gesundheitsministerium auf Anfrage nicht beantworten. Daneben gibt es etwa eine Ausnahmeregelung vom Mindestabstand für Begleitpersonen von Menschen mit Behinderung, aber keine für Begleiter von älteren und gebrechlichen Menschen. In Sportfliegern muss ein Mindestabstand eingehalten werden, in Linienflugzeugen aber nicht. Zunächst wird auch darauf vergessen, die Kindergärten von der Verordnung auszunehmen, was man später nachholt.

### Mindestabstand in der U-Bahn

Darüber, dass der Mindestabstand von einem Meter in Bussen und U-Bahnen nicht immer eingehalten werden kann, ist sich die Politik im Klaren. In der neuen Verordnung heißt es dazu: „Ist auf Grund der Anzahl der Fahrgäste sowie beim Ein- und Aussteigen die Einhaltung des Abstands von mindestens einem Meter nicht möglich, kann davon ausnahmsweise abgewichen werden."[104] Gesundheitsminister Rudolf Anschober beharrt in einer Aussendung am 30. April dennoch darauf, dass der Abstand von einem Meter in den öffentlichen Verkehrsmitteln nur „in absoluten Ausnahmesituationen, wenn dies aufgrund des fehlenden Platzangebots nicht umsetzbar ist"[105] unterschritten werden dürfe. Es ist eine Ausnahmesituation, die in einer Großstadt wie Wien zur Regel wird. Kontrolliert oder bestraft wird indes ohnehin kaum mehr.

Gleichzeitig gerät die Bundesregierung wegen der geplanten Änderung des Epidemiegesetzes ins Kreuzfeuer der Opposition. Dadurch könnten, so die rechtlich wenig substantiierte Befürchtung, die verpflichtende Installation der Stopp-Corona-App vorgeschrieben werden. Durch einen Abänderungsantrag wird das schließlich ausgeschlossen. Die Novelle des Epidemiegesetzes bringe, so Anschober, „nicht weniger, sondern mehr Verfassungskonformität".[106] Die Aussage ist bezeichnend für das Rechtsverständnis der Bundesregierung während der Corona-Krise. Eine graduelle Verfassungskonformität, wie der Gesundheitsminister sie sich offenbar vorstellt, gibt es nicht. Ein Gesetz oder eine Verordnung verstößt gegen die Verfassung oder nicht. Das Epidemiegesetz kann nicht „verfassungskonformer" gemacht werden, ohne vorher verfassungswidrig gewesen zu sein. Ein „bisserl illegal" gibt es selbst in Österreich nicht.

### Neue Verbote, weniger Kontrollen

Im Alltag ergeben sich immer wieder rechtliche Anwendungsprobleme, auf die der Gesetzgeber reagieren muss. Viele solcher Nachjustierungen lassen sich aber durch eine saubere Legistik von vornherein vermeiden. Dass in einer Ausnahmesituation wie der Corona-Krise unweigerlich Fehler passieren, muss jedem klar sein. Der Phase der schnellen Reaktion folgt allerdings keine der juristischen Konsolidierung. Verfassungsministerin Karoline Edtstadler erklärt noch Mitte April, zur Verwunderung von Juristen, dass der Verfassungsdienst nicht dafür zuständig sei, an der Verbesserung von Verordnungen anderer Ressorts mitzuwirken.[107] So zieht sich das juristische Hinterherhaspeln wie ein roter Faden durch die gesamte österreichische Pandemiebekämpfung.

Zunächst muss man die Maskenpflicht verschieben, weil es noch nicht genügend Masken gibt. Als dann das Tragen des Mund- und Nasenschutzes in Betriebsstätten verpflichtend wird, gilt die Maskenpflicht zunächst auch für Freiluftbereiche von Geschäften, was später geändert wird.[108] Gleichzeitig lassen die Kontrollen im öffentlichen Leben merklich nach. Die Maskenpflicht im Bereich der öffentlichen Verkehsmittel wird weder von den Verkehrsbetrieben noch von staatlicher Seite umfassend kontrolliert. Die erste Ankündigung von Kontrollen erfolgt hier erst wieder am 1. Juni, und auch nur in Vorarlberg. Mit dem Inkrafttreten der Lockerungsverordnung am 1. Mai schlittert Österreich unvermittelt von einer Phase, in der etwas als verboten galt, das nicht verboten war, in einen Zustand, in dem Verbote zwar verhängt, aber kaum mehr durchgesetzt werden.

# Anhang

## Abbildungsverzeichnis



## Anmerkungen

1 Li, Peter (2020). First Sars, now the Wuhan coronavirus. Here's why China should ban its wildlife trade forever. South China Morning Post. Abgerufen am 3.6.2020: https://www.scmp.com/comment/opinion/article/3047828/first-sars-now-wuhan-coronavirus-heres-why-china-should-ban-its

2 Buckley, Chris & Meyers, Steven L. (2020). As New Coronavirus Spread, China's Old Habits Delayed Fight. New York Times. Abgeru-

fen am 3.6.2020: https://www.nytimes.com/2020/02/01/world/asia/china-coronavirus.html

3 Qiu, Jane (2020). How China's 'Bat Woman' Hunted Down Viruses from SARS to the New Coronavirus. Scientific American. 322 (6). Abgerufen am 3.6.2020: https://www.scientificamerican.com/article/how-chinas-bat-woman-hunted-down-viruses-from-sars-to-the-new-coronavirus1

4 Ma, Josephine (2020). Coronavirus: China's first confirmed Covid-19 case traced back to November 17. South China Morning Post. Abgerufen am 3.6.2020: https://www.scmp.com/news/china/society/article/3074991/coronavirus-chinas-first-confirmed-covid-19-case-traced-back

5 Markson, Sharri (2020). Coronavirus NSW: Dossier lays out case against China bat virus program. The Daily Telegraph. Abgerufen am 3.6.2020: https://www.dailytelegraph.com.au/coronavirus/bombshell-dossier-lays-out-case-against-chinese-bat-virus-program/news-story/55add857058731c9c71c0e96ad17da60

6 Gardner, Bill (2020). Exclusive: Coronavirus began ‚as an accident' in Chinese lab, says former MI6 boss. The Telegraph. Abgerufen am 5.6.2020: https://www.telegraph.co.uk/news/2020/06/03/exclusive-coronavirus-began-accident-disease-escaped-chinese/

7 Kuo, Lily (2020). Coronavirus: Wuhan doctor speaks out against authorities. The Guardian. Abgerufen am 3.6.2020: https://www.theguardian.com/world/2020/mar/11/coronavirus-wuhan-doctor-ai-fen-speaks-out-against-authorities

8 Pressemitteilung der Weltgesundheitsorganisation (WHO) vom 5.1.2020. Abgerufen am 3.6.2020: https://www.who.int/csr/don/05-january-2020-pneumonia-of-unkown-cause-china/en

9 APA-Meldung vom 31.12.2019. Mysteriöse Lungenkrankheit in Zentralchina ausgebrochen. Abgerufen am 3.6.2020: https://orf.at/stories/3149234.

10 E-Mail der Taiwanesischen Gesundheitsbehörde (The Taiwan Centers for Disease Control) an die Weltgesundheitsorganisation (WHO) vom 31.12.2019. Abgerufen am 3.6.2020: https://twitter.com/MOHW_Taiwan/status/1248915057188024320/photo/1

11 Pressemitteilung des Taiwan Centers for Disease Control vom 11.4.2020. The facts regarding Taiwan's email to alert WHO to possible danger of COVID-19. Abgerufen am 3.6.2020: https://www.cdc.gov.tw/Category/ListContent/sOn2_m9QgxKqhZ7omgiz1A?uaid=PAD-lbwDHeN_bLa-viBOuw

12 Pressemitteilung von Reporter ohne Grenzen vom 14.4.2020. Whistleblowing doctor missing after criticizing Beijing's coronavirus censorship. Abgerufen am 4.6.2020: https://rsf.org/en/news/whistleblowing-doctor-missing-after-criticizing-beijings-coronavirus-censorship

13 Watt, Louise (2020). Taiwan Says It Tried to Warn the World About Coronavirus. Here's What It Really Knew and When. Time Magazine. Abgerufen am 3.6.2020: https://time.com/5826025/taiwan-who-trump-coronavirus-covid19/

14 Smith, Nicola (2020). 'They wanted to take us sightseeing. I stayed in the hotel', says first foreign official to enter Wuhan. The Telegraph. Abgerufen am 3.6.2020: https://www.telegraph.co.uk/global-health/science-and-disease/wanted-take-us-sight-seeing-stayed-hotel-says-first-foreign/

15 Valášek, Lukáš (2020). Čínská ambasáda skupovala v Česku respirátory a posílala je domů, varovala BIS. Aktualne. Abgerufen am 3.6.2020: https://zpravy.aktualne.cz/domaci/cinska-ambasada-skupovala-v-cesku-respiratory-a-posilala-je/r~e9a4e5746ddb11eaa25c-ac1f6b220ee8/?fbclid=IwAR201CDHAn8Xz4wqda2ePcnanLVQH8IB1DPoh6NOEPiLb8pQQVFgPPFiM7g

16 Ma, Josephine & Zheng, William & Pinghui, Zhuang (2020). At least 500 Wuhan medical staff infected with coronavirus. South China Morning Post. Abgerufen am 3.6.2020: https://www.scmp.com/news/chi-

na/society/article/3050077/least-500-wuhan-medical-staff-infected-coronavirus

17 Wighton, Kate & O'Hare, Ryan (2020). Coronavirus outbreak in China may have infected thousands, estimate scientists. Imperial College London. Abgerufen am 3.6.2020: https://www.imperial.ac.uk/news/194815/coronavirus-outbreak-china-have-infected-thousands/

18 Piquet, Caroline (2020). Patient infecté par le coronavirus en décembre : "Comme des coups de couteau en plein thorax". Le Parisien. Abgerufen am 3.6.2020: https://www.leparisien.fr/societe/patient-infecte-par-le-coronavirus-en-decembre-comme-des-coups-de-couteau-en-plein-thorax-05-05-2020-8311272.php

19 APA-Meldung vom 29.1.2020. Türkis-Grün überlegt Grippe-Impfpflicht für Gesundheitsberufe. Abgerufen am 3.6.2020: https://www.diepresse.com/5760389/turkis-grun-uberlegt-grippe-impfpflicht-fur-gesundheitsberufe

20 Fabian, Jordan (2020). Trump Had Two Intelligence Briefings on Virus in Late January. Bloomberg. Abgerufen am 3.6.2020: https://www.bloomberg.com/news/articles/2020-05-03/trump-had-two-intel-briefings-on-coronavirus-in-late-january

21 Rascoe, Ayesha & Dwyer, Colin (2020). Trump Received Intelligence Briefings On Coronavirus Twice In January. National Public Radio. Abgerufen am 3.6.2020: https://www.npr.org/sections/coronavirus-live-updates/2020/05/02/849619486/trump-received-intelligence-briefings-on-coronavirus-twice-in-january?t=1591184803006

22 Kelly, Jack (2020). About 40 Million Americans Are Now Unemployed—We Desperately Need A Plan Before It's Too Late. Forbes. Abgerufen am 3.6.2020: https://www.forbes.com/sites/jackkelly/2020/05/21/40-million-americans-are-now-unemployed-we-desperately-need-a-plan-before-its-too-late/

23 Redaktion New York Times. (2020) He Warned of Coronavirus. Here's What He Told Us Before He Died. New York Times. Abgerufen

am 3.6.2020: https://www.nytimes.com/2020/02/07/world/asia/Li-Wenliang-china-coronavirus.htm

24 Bericht der Weltgesundheitsorganisation (WHO) vom 16.-24. Februar 2020. Report of the WHO-China Joint Mission on Coronavirus Disease 2019 (COVID-19). Abgerufen am 3.6.2020: https://www.who.int/docs/default-source/coronaviruse/who-china-joint-mission-on-covid-19-final-report.pd

25 Land Tirol (2020). Coronavirus: Einheitliche Vorgehensweise zur Risikominimierung bei Veranstaltungen. Presseaussendung vom 4.3.2020. Abgerufen am 12.6.2020 https://www.tirol.gv.at/gesundheit-vorsorge/pressemeldungen/meldung/artikel/coronavirus-einheitliche-vorgehensweise-zur-risikominimierung-bei-veranstaltungen/

26 Ebd.

27 BMSGPK Schreiben an die SektionsleiterInnen. 4.3.2020, Geschäftszahl 2020-0.145.597

28 Winter, Jakob, Hoisl, Thomas (2020). Profil. Warnungen aus Island verschleppt: Ischgler Hotels in Erklärungsnot. Abgerufen am 12.6.2020 https://www.profil.at/oesterreich/warnungen-aus-island-verschleppt-ischgler-hotels-in-erklaerungsnot/400926845

29 Anschober, Rudolf (2020). Anfragebeantwortung 1335/AB, Frage 25. Abgerufen am 12.6.2020 https://www.parlament.gv.at/PAKT/VHG/XXVII/AB/AB_01335/imfname_799689.pdf

30 https://www.tirol.gv.at/meldungen/meldung/artikel/ischgl-chronologie/

31 Winter, Jakob, Hoisl, Thomas (2020). Profil. Warnungen aus Island verschleppt: Ischgler Hotels in Erklärungsnot. Abgerufen am 12.6.2020 https://www.profil.at/oesterreich/warnungen-aus-island-verschleppt-ischgler-hotels-in-erklaerungsnot/400926845

32 Land Tirol (2020). Ischgl-Chronologie. Abgerufen am 12.6.2020 https://www.tirol.gv.at/meldungen/meldung/artikel/ischgl-chronologie/

33 Anschober, Rudolf (2020). Anfragebeantwortung 1335/AB, Frage 25.

Abgerufen am 12.6.2020. https://www.parlament.gv.at/PAKT/VHG/XXVII/AB/AB_01335/imfname_799689.pdf

34 Anschober, Rudolf (2020). Anfragebeantwortung 1335/AB, Frage 15. Abgerufen am 12.6.2020 https://www.parlament.gv.at/PAKT/VHG/XXVII/AB/AB_01335/imfname_799689.pdf

35 Anschober, Rudolf (2020). Anfragebeantwortung 1335/AB, Frage 25. Abgerufen am 12.6.2020 https://www.parlament.gv.at/PAKT/VHG/XXVII/AB/AB_01335/imfname_799689.pdf

36 Protokoll des dritten Treffens des Beraterstabs der Taskforce Corona, 9.3.2020

37 Statement der Bundesregierung vom 10.3.2020; abgerufen am 3.6.2020; Video: https://youtu.be/T6fzEho3zYA?t=423

38 Protokoll der Rede von Sebastian Kurz vor dem Bundesrat, abgerufen am 3.6.2020: https://www.parlament.gv.at/PAKT/VHG/BR/BRSITZ/BRSITZ_00902/A_-_09_52_20_00213073.html

39 Statement der Bundesregierung, 12.3.2020, Video auf YouTube-Kanal des Bundeskanzleramts, abgerufen am 3.6.2020: https://youtu.be/_KhWZNorCyA?t=1011

40 Protokoll des Beirats der Taskforce Corona vom 12.3.2020; Hintergrundgespräche mit mehreren Teilnehmern im Zuge der Recherchen für dieses Buch

41 Statement von Innenminister Karl Nehammer am 16.4.2020, YouTube-Kanal es Bundeskanzleramts, abgerufen am 3.6.2020: https://youtu.be/f8-uZnLm7Ys?t=2123

42 Presseaussendung von Innenminister Karl Nehammer vom 16.4.2020, abgerufen am 3.6.2020: https://www.ots.at/presseaussendung/OTS_20200416_OTS0084/nehammer-risikopatienten-rasch-lokalisieren-und-verdachtsfaelle-isolieren

43 Statement der Bundesregierung vom 13.3.2020, YouTube-Kanal des Bundeskanzleramts, zuletzt abgerufen am 3.6.2020, Video: https://www.youtube.com/watch?v=oqAFfvNkGiM

44 Ansprache von Bundespräsident Alexander Van der Bellen vom 13.3.2020, Facebook-Account des Bundespräsidenten, abgerufen am 3.6.2020, Video: https://www.facebook.com/watch/?v=506873840215114

45 Statement der Bundesregierung am 15.3.2020, abgerufen am 3.6.2020, YouTube-Kanal des Bundeskanzleramts, Video: https://www.youtube.com/watch?v=3L5PceCIPiM

46 Interne Dokumente und Berichte aus dem Verteidigungsministerium, gesammelt veröffentlicht unter https://www.addendum.org/coronavirus/miliz-mobilmachung/

47 Retweet einer Meldung des SORA-Instituts durch Gesundheitsminister Rudolf Anschober, abgerufen am 3.6.2020: https://twitter.com/sora_institut/status/1244154870795571200

48 Vertrauliches Gespräch mit einem Sitzungsteilnehmer am 8.5.2020

49 Erstversion der „Executive Summary" der Gruppe um die Professoren Schachermayer und Beiglböck

50 Schachermayer Walter, Beiglböck Mathias: Stellungnahme zur COVID19 Krise. Zusammenfassung einiger quantitativer Perspektiven (Update mit aktualisierten Daten vom 31.3.2020). Abgerufen am 3.6.2020 https://t.co/xhvr32GRR1?amp=1,

51 Siehe dazu die epidemiologischen Daten der AGES, abgerufen am 3.6.2020: https://www.ages.at/en/wissen-aktuell/publikationen/epidemiologische-parameter-des-covid19-ausbruchs-oesterreich-2020/

52 Sprenger Martin (2020). „Null Risiko wird es nie geben". Addendum. Abgerufen am 10.6.2020 https://www.addendum.org/coronavirus/risiko-martin-sprenger/

53 Addendum – die Zeitung 14/2020, S. 35

54 Gespräch am 18.5.2020

55 https://t.co/xhvr32GRR1?amp=1, abgerufen am 3.6.2020

56 Originaldokument aus dem Krisenstab des Innenministeriums

57 Statement der Bundesregierung am 30.3.2020, YouTube-Kanal des Bundeskanzleramts, abgerufen am 3.6.2020: https://www.youtube.com/watch?v=_aE8sX656bk

58 Zuletzt aufgerufen am 3.6.2020: https://www.tuwien.at/tu-wien/aktuelles/news/news/covid-19-computermodell-zeigt-moegliche-szenarien-auf-1/

59 Zuletzt aufgerufen am 3.6.2020: https://kurier.at/chronik/oesterreich/coronavirus-in-oesterreich-forscher-des-csh-wir-sehen-eine-trendwende/400789070

60 Addendum – die Zeitung 14/2020, S. 37

61 Talk Spezial: Corona-Krise: Sebastian Kurz zieht Bilanz. 4.6.2020, ServusTV

62 Sitzung des Nationalrates am 3. April 2020, Stenographisches Protokoll, abgerufen am 3.6.2020: https://www.parlament.gv.at/PAKT/VHG/XXVII/NRSITZ/NRSITZ_00022/A_-_12_24_53_00213732.html

63 Jones, Sam (2020). Arrogance' blinded big countries to virus risk, says Austria adviser. Financial Times. Abgerufen am 10.6.2020 https://www.ft.com/content/87495a18-f7a1-4657-a517-ba2b16c146dc

64 Protokoll der 4. Sitzung des Beraterstabs der Taskforce Corona

65 Gespräch mit Niki Popper, 18.5.2020

66 Addendum (2020). „Es geht viel mehr, als uns die Politik weismachen will". Abgerufen am 10.6.2020 https://www.addendum.org/coronavirus/interview-sprenger/

67 Zeit im Bild 2 vom 6.5.2020, ORF 2

68 Hecht, Judith (2020). „Was machen wir da auf den Intensivstationen eigentlich?" Die Presse. Abgerufen am 10.6.2020 https://www.diepresse.com/5794224/was-machen-wir-da-auf-den-intensivstationen-eigentlich

69 Ioannidis, John P.A. (2020). A fiasco in the making? As the coronavirus pandemic takes hold, we are making decisions without reliable data.

Abgerufen am 10.6.2020 https://www.statnews.com/2020/03/17/a-fiasco-in-the-making-as-the-coronavirus-pandemic-takes-hold-we-are-making-decisions-without-reliable-data/

70 Ioannidis, John P.A. et al. (2020): COVID-19 Antibody Seroprevalence in Santa Clara County, California. Abgerufen am 10.6.2020 https://www.medrxiv.org/content/10.1101/2020.04.14.20062463v2

71 https://www.facebook.com/watch/?v=549026075991665, abgerufen am 3.6.2020

72 Opriesnig, Michael (2020). Wieso der Rotkreuz-Mann neben dem Kanzler steht. Wiener Zeitung. Abgerufen am 10.6.2020 https://www.wienerzeitung.at/meinung/gastkommentare/2057446-Wieso-der-Rotkreuz-Mann-neben-dem-Kanzler-steht.html

73 Daten aus dem Bildungsministerium

74 Jones et al. (2020). An analysis of SARS-CoV-2 viral load by patient age. Abgerufen am 5.6.2020. https://zoonosen.charite.de/fileadmin/user_upload/microsites/m_cc05/virologie-ccm/dateien_upload/Weitere_Dateien/analysis-of-SARS-CoV-2-viral-load-by-patient-age.pdf

75 Stoye, Jörg (2020). A Critical Assessment of Some Recent Work on COVID-19. https://arxiv.org/pdf/2005.10237.pdf; Liebl, Dominik (2020). Open Review of the manuscript. https://osf.io/cdnsk/; Held, Leonhard (2020). A critical discussion and reanalysis of the results reported in Jones et al. (2020). https://osf.io/bkuar/. Alle abgerufen am 5.6.2020

76 Jones et al. (2020). An analysis of SARS-CoV-2 viral load by patient age. Abgerufen am 5. Juni 2020 https://virologie-ccm.charite.de/fileadmin/user_upload/microsites/m_cc05/virologie-ccm/dateien_upload/Weitere_Dateien/Charite_SARS-CoV-2_viral_load_2020-06-02.pdf

77 Kinder und Jugendliche in der CoVid-19-Pandemie: Stellungnahme der Deutschen Gesellschaft für Krankenhaushygiene (DGKH), der Deutschen Gesellschaft für Pädiatrische Infektiologie (DGPI), der

Deutschen Akademie für Kinder- und Jugendmedizin (DAKJ), der Gesellschaft für Hygiene, Umweltmedizin und Präventivmedizin (GHUP) und des Berufsverbands der Kinder- und Jugendärzte in Deutschland (bvkj e.V.) Abgerufen am 1.6.2020. https://www.krankenhaushygiene.de/ccUpload/upload/files/2020_05_19_Stellungnahme_DGKH_Covid-19_Kinder.pdf)

78 https://orf.at/stories/3167723/ Zuletzt aufgerufen am 9.6.2020

79 Nehammer, Karl (2020). Ö1 Mittagsjournal vom 13. März 2020

80 Platter, Günther (2020). Quarantäneverordnung für alle 279 Tiroler Gemeinden. OTS vom 19. März 2020. Abgerufen am 10.6.2020: https://www.ots.at/presseaussendung/OTS_20200319_OTS0009/quarantaeneverordnung-fuer-alle-279-tiroler-gemeinden

81 Parlament.gv.at. Abgerufen am 9.6.2020: https://www.parlament.gv.at/PAKT/VHG/XXVII/A/A_00396/index.shtml

82 § 98a Abs 3 iVm § 137 Abs 14 TKG 2013 idF BGBl. I Nr. 16/2020

83 Art 7 Abs 1 EMRK

84 § 735 Abs 3 Z 3 ASVG idF BGBl. I Nr. 23/2020 sowie § 735 Abs 3 ASVG idF BGBl. I Nr. 31/2020

85 Verordnung des Bundesministers für Soziales, Gesundheit, Pflege und Konsumentenschutz, mit der die Verordnung des Bundesministers für Soziales, Gesundheit, Pflege und Konsumentenschutz betreffend vorläufige Maßnahmen zur Verhinderung der Verbreitung von COVID-19 und die Verordnung des Bundesministers für Soziales, Gesundheit, Pflege und Konsumentenschutz gemäß § 2 Z 1 des COVID-19-Maßnahmengesetzes geändert werden, BGBl. II Nr. 162/2020

86 Verordnung des Bundesministers für Soziales, Gesundheit, Pflege und Konsumentenschutz, mit der die Verordnung gemäß § 2 Z 1 des COVID-19-Maßnahmengesetzes geändert wird, BGBl. II Nr. 108/2020

87 § 119 Abs 3 Ziviltechnikergesetz 2019, § 239a Abs 4 Wirtschaftstreuhandberufsgesetz 2017 und § 75 Abs 4 Bilanzbuchhaltungsgesetz 2014 jeweils idF BGBl. I Nr. 32/2020

88 BGBl. I Nr. 43/2020

89 § 50 Abs 5a VStG

90 Krisper, Stephanie (2020). Parlamentarische Anfrage. Beantwortet am 5.6.2020. BMI GZ 2020-0.236.354

91 Verordnung des Bundesministers für Soziales, Gesundheit, Pflege und Konsumentenschutz gemäß § 2 Z 1 des COVID-19-Maßnahmengesetzes BGBl. II Nr. 98/2020

92 Edtstadler, Karoline (2020). Stellungnahme von Verfassungsministerin Karoline Edtstadler zu den Ausgangsbeschränkungen. Abgerufen am 9.6.2020: https://www.bundeskanzleramt.gv.at/bundeskanzleramt/nachrichten-der-bundesregierung/2020/stellungnahme-von-verfassungsministerin-karoline-edtstadler-zu-den-ausgangsbeschraenkungen.html

93 Edtstadler, Karoline (2020). EDTSTADLER/ANSCHOBER: Maßnahmen aufgrund der Dimension der Krise rasch getroffen. Rechts- und Verfassungskonformität dabei zentral. OTS vom 20. April 2020.

94 BMSGPK (2020). GESUNDHEITSMINISTERIUM: Konkretisierung bezüglich Verkehrsbeschränkungen und Treffen im privaten Bereich. OTS vom 27. April 2020

95 Edtstadler, Karoline (2020). EDTSTADLER/ANSCHOBER: Maßnahmen aufgrund der Dimension der Krise rasch getroffen. Rechts- und Verfassungskonformität dabei zentral. OTS vom 20. April 2020

96 BMSGPK (2020). GESUNDHEITSMINISTERIUM: Konkretisierung bezüglich Verkehrsbeschränkungen und Treffen im privaten Bereich. OTS vom 27. April 2020

97 Kleine Zeitung (2020). Trotz „Auferstehung“ nach Ostern - Kurz warnt: „Wir sind überhaupt nicht über den Berg! Abgerufen am 9.6.2020: https://www.kleinezeitung.at/politik/innenpolitik/5796504/Trotz-Auferstehung-nach-Ostern_Kurz-warnt_Wir-sind-ueberhaupt

98 Antrag gem. § 75 Abs. 1 GOG-NR. 498/A XXVII. GP

99 § 13 Abs 2 Z 2 COVID-19-Lockerungsverordnung

100 VwG Wien (2020). GZ: VGW-031/047/5718/2020

101 COVID-19-Lockerungsverordnung BGBl. II Nr. 197/2020

102 Anschober, Rudolf (2020. Anschober: Mit heutigen Öffnungsschritten beginnt der Monat der Entscheidung - Appell zu Vorsicht und Eigenverantwortung. OTS vom 1. Mai 2020

103 Entschließung 291/E-BR/2020

104 § 1 Abs 3 zweiter Satz COVID-19-Lockerungsverordnung

105 Anschober, Rudolf (2020). Anschober/Gewessler: Öffentliche Verkehrsmittel besondere Herausforderung beim Mindestabstand. OTS vom 1. Mai 2020

106 Anschober, Rudolf (2020). ANSCHOBER: Änderung des Epidemiegesetzes bringt demokratiepolitische Verbesserungen – auch Vorschläge der Opposition umgesetzt. OTS vom 3. Mai 2020

107 derstandard.at (2020). Corona-Regelungen: Edtstadler weist Verantwortung von sich und fordert Beeilung von Anschober. Abgerufen am 9.6.2020: https://www.derstandard.at/story/2000116938285/ex-justizminister-jabloner-pocht-auf-verantwortung-des-kanzleramts

108 § 2 Abs 1 Z 2 COVID-19-Lockerungsverordnung idF BGBl. II Nr. 246

## Machtkampf im Ministerium

Susanner Wiesinger mit Jan Thies

*„In unseren Klassenzimmern spielt sich tagtäglich eine bildungspolitische Katastrophe ab."*

Nach einem Jahr im Bildungsministerium ist Susanne Wiesinger ernüchtert. Die Lehrerin ist aus dem Klassenzimmer ins Ministerium gewechselt, um Missständen an österreichischen Schulen entgegenzuwirken. Nun hat sie selbst erlebt, woran die österreichische Bildungspolitik scheitert: Die Parteilinie scheint wichtiger zu sein als wirkliche Hilfe für die Schüler.

*„Kinder sind sehr oft der Kollateralschaden einer blinden ideologischen Politik."*

ISBN 978-3-200-06697-7

## Totgeschwiegen

Thomas Trescher

*„Den perfekten Mord gibt es zwar nicht, aber das jetzige System lässt viele scheinbar perfekte Morde zu."*

**In Österreich wird fast jeder Mord aufgeklärt.** Das sagt jedenfalls die Statistik. Dahinter erstreckt sich jedoch ein großes Dunkelfeld: Gerichtsmediziner schätzen, dass jeder zweite Mord unentdeckt bleibt. Denn viele Morde können nur durch gerichtsmedizinische Untersuchungen entdeckt werden, und diese finden immer seltener statt.

**Ein True-Crime-Buch mit vielen Fallbeispielen** über das Versagen eines Systems, das sich lieber mit niedrigen Mordraten schmückt, als die Leichen im Keller zu suchen.

ISBN 978-3-200-06546-8